JN114324

# 知識をシェアする産業振興戦略

──地方発ソフトウェア産業の経営学的考察──

北　真収　著

文眞堂

# は し が き

## 地方創生

　新型コロナウイルス感染症の拡大が契機となって，オンライン会議やリモートワークに注目が集まり，地方で働き暮らすことの魅力が増してきた感がある。地方は，これまで，地域経済の活性化，若者の流出や働き先の確保などの問題に対処してきた。住みよい環境を作るための地方創生である。

　しかし，総じて見れば，問題が解消されたとは言い難い。もちろん，いくつかの成功事例は見られる。それらから参考点を見出して活用を試みる自治体も少なくないが，根本的なメカニズムを掴まないと成果につながらない。つまり，創生のノウハウが一般化されていないため，手探り状態が続いていると思われる。

## 共有型経済

　社会・経済全体を見渡すと，デジタル化が進行し，シェアリングエコノミーが急速に拡大しつつある。シェアリングエコノミーは，インターネットを介して個人と個人，個人と企業との間で活用可能な資産（空間・もの・知識・移動手段・お金）をシェアすることで生まれる新しい経済の形である。

　活用可能な資産とそれを使いたい個人や企業を結びつけるサービスであるが，その本質は資源をシェアして協働的かつ循環的に有効利用するところにある（Lessig, 2008）。また，活用資産に知識・スキルといった無形のものを含み，取引については有償のみを指すのではなく，無償の場合も含んでいる点（Botsman, 2015）が注目される。

## 本書のねらい

　新しい経済の形では，「協力」がキーワードになると考えられる。地方と世界の間，地方と大都市圏の間，地方と地方の間，地域の中では企業と企業の間，人と人の間で有形・無形の資源が有償・無償でシェアされる。特に，無償でシェアし合い利他的であれば協調しやすい。

　本書では「地域と産業」を視座に置いて，知識・スキルという無形の資源を無償でシェアし合う，つまり知識共有に焦点を当てながら，組織の境界線を越えて課題を持ち込んで解決に当たる産業振興のあり方を論じる。

　「産業振興において，どんな知識が協力を促進するのか。そのための仕組みをどのように築くのか。」を問いかけて，ふさわしい答えを探ることを目的としている。

## 理　論　面

　理論面で，問いの「どんな知識」に着目すれば，地域資源を振興施策に意味づけ，解釈して，概念的知識としたシンボルを生成する。また，地方から見ると大都市圏は魅力的な市場である。そこに接近するには誰がどんなことを知っているかを認識するメタ知識を重視する。そうした知識を地域内でシェアするために，センスメーキング理論やトランザクティブ・メモリーシステムの知見を援用する。問いの「どのように」に相当する。

　地方のエンジニアは技術に関する自己研鑽の機会を探っている。特に，技術進歩が著しい分野ほどその傾向が強い。職場を越えた勉強会でエンジニア同士が知識をシェアする視点から，正統的周辺参加や実践共同体の理論を活用する。問いの「どのように」に当たる。

## 実　践　面

　一方で，理論を実践面から理解するために成長分野のソフトウェア産業に注目し，松江市（島根県）が取り組んでいる「Ruby City MATSUE プロジェクト」の振興事例を取り上げる。地域の資源を活かしている点，プロジェクトに期限を設けず長期的に取り組んでいる点，オープンソースという開放性を意識した産業振興である点に大きな特徴がある。

　オープンソースソフトウェア（OSS：Open Source Software）のプログラミング言語 Ruby の開発者であるまつもとゆきひろ氏が在住する松江市は，Ruby を掲げた産業振興に取り組んできた。Ruby は，世界の主要なプログラミング言語の 1 つで，スピーディな開発が可能なために世界の多くのスタートアップ企業で利用されている。ICT 分野で日本が世界に誇れる技術である。

　「Ruby City MATSUE プロジェクト」は，2006 年にスタートして以降，売上高，従事者数，当地へ進出した企業数などにおいて一定の成果をもたらしている（詳細は第 1 章 3 節を参照）。直近の動向をみても，地域内で共同開発をしたり，地域外と開発連携をしたりするなど行動的である。たとえば，Ruby を実装した軽量の mruby/c を活用した産官あるいは産学官の共同開発，ソフトウェアのニアショア開発（地方への外注）における地元企業の共同受注・開発の強化，アジャイル開発で地域の産官が通信キャリアと連携，などが挙げられる。

　以上で述べたように，本書は理論面と実践面を組み合わせて構成している。経営学の視点や地域の産業振興，ICT 産業に関心を寄せる大学生，大学院生に参考になるだけでなく，地域の産業発展に関わり実践的な役割を担われている企業，大学，行政のいわゆる産学官の関係者の方々におかれても有益な示唆となるように編集している。

　なお，事例調査では多くのインタビュイーの方々から貴重なお話やご教示を賜った。巻末に記載した皆様に，深く感謝を申し上げる次第である。また，摂南大学経営学部の諸先生，職員の皆様には調査や執筆に際してご理解・ご協力をいただいた。本書がよき返報の役割を果たすことを願っている。加えて，(株)文眞堂の前野眞司氏には研究書として出版する機会を与えていただいた。厚くお礼を申し上げる。

　最後に，いつも笑顔で支えてくれる妻・充代の存在なくして私の充実した研究生活はあり得なかった。心から感謝し本書を捧げる。

2023 年卯月　京都・宇治の自宅書斎にて

北　真収

# 目　　次

はしがき …………………………………………………………………… i

## 第1章　産業振興と知識の共有 ……………………………………… 1

第1節　問題の所在 ……………………………………………… 2
第2節　研究の目的 ……………………………………………… 7
第3節　研究対象とする産業振興の事例 …………………… 13
第4節　事例の調査方法 ……………………………………… 21
第5節　本書の構成 …………………………………………… 23

### 補論　ソフトウェア産業とオープンソースソフトウェア ………… 26

第1節　日本のソフトウェア産業 …………………………… 26
第2節　オープンソースソフトウェア（OSS）……………… 29
第3節　OSS コミュニティとビジネス …………………… 32

## 第2章　セクターを越えてシェアされるシンボル ………………… 35
　　　　　──センスメーキングの視点から──

第1節　はじめに ……………………………………………… 36
第2節　センスメーキングとセンスギビング ……………… 37
第3節　組織をまたいだセンスメーキングとシンボル …… 45
第4節　シンボル仮説の提示 ………………………………… 54
第5節　事例の記述 …………………………………………… 56
第6節　考察 …………………………………………………… 74
第7節　おわりに ……………………………………………… 80

**第3章　企業を越えてシェアされるメタ知識** ················· 83
　　──トランザクティブ・メモリーの視点から──

　　第1節　はじめに ············································ 84
　　第2節　知識とトランザクティブ・メモリー ·················· 85
　　第3節　知識交換を促進するテンポラリー・クラスター ·········· 90
　　第4節　トランザクティブ・メモリーの獲得と伝搬 ············· 94
　　第5節　事例の記述 ········································· 100
　　第6節　考察 ·············································· 119
　　第7節　おわりに ·········································· 127

**第4章　職場を越えてシェアされる経験知** ················· 129
　　──実践共同体の視点から──

　　第1節　はじめに ·········································· 130
　　第2節　正統的周辺参加と実践共同体 ························ 131
　　第3節　経験知の交換を促す勉強会 ························· 139
　　第4節　越境的学習仮説の提示 ····························· 147
　　第5節　事例の記述 ········································· 150
　　第6節　考察 ·············································· 178
　　第7節　おわりに ·········································· 184

**第5章　境界線を越えてシェアされる知識** ················· 185
　　第1節　発見事項 ·········································· 186
　　第2節　残された課題 ······································ 193
　　第3節　おわりに ·········································· 194

収録論文初出一覧 ············································ 199
参考文献 ··················································· 200
索引 ······················································ 214

第 1 章

# 産業振興と知識の共有

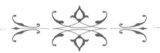

## 第1節　問題の所在

**これまでの産業振興政策**

　本書のタイトルである「地域の産業振興」について，これまでに行われてきた地方創生・産業振興関連の施策，その推進において指摘されてきた事柄を概観する。

　古くは，政府がふるさと創生事業（1988年〜89年）において，国家的意思として地域の個性化，地域の持つアイデンティティの強化によって地域振興を図ろうとした。しかし，地域住民や観光客による受容可能性の検討や，地域が持つべきアイデンティティとしての質的検討を十分に行うことができた自治体は少なかった。そのため，持続的な事業展開が図れず，想定した事業効果が得られない地域が数多くみられた（城月・園田・大槻・呉，2013）。

　政府が重要課題の1つに位置づけた地方創生（まち・ひと・しごと創生基本方針）の場合は，地方が主体となって施策を策定し具体的な事業を推進していく取り組みである。2015年度の施行から8年が経過した。この間に公表された進捗状況をみると，目標ごとに設けられたKPI（主要評価指標）の項目（合計131件）に対して目標を達成した割合はわずか11％にすぎない（内閣官房まち・ひと・しごと創生本部，2019）。ふるさと創生，地方創生は産業振興のみに焦点を当てたものではないが，働き先の確保難などの現実の姿を見ると，企業や仕事と関連づけて捉えるほうがよいのではなかろうか。

　産業政策の観点からは，政府がイノベーション創出のための産業クラスターの形成を政策課題に掲げて，2001年以降，産業クラスター計画（経済産業省），知的クラスター創成事業（文部科学省）に対する国および地方自治体の関連施策を展開していった。

　産業クラスター計画についてみると，次のような課題，効果が挙げられている。計画の初期段階では，目標と政策実行のズレ・不整合性が生じているため実行のプロセスをより重視すべき点や，プロセスを実行する支援機関と人をどう機能させて政策目標を達成するのかという点（中村，2004）が課題とされた。

　また，官主導型の日本版クラスター形成の1つの限界としてクラスター・マネジメント能力の弱さ，つまり，地域の財団，NPO，大学，高等専門学校などとの協力体制を作り，力強く事業を推し進めていく能力に欠ける面がある（北嶋，2018）という指摘がある。この他にも，知識の地域内循環の強化，広域的な圏域での地域イノベーションの活発化，国際競争力の強化（松原，2013）が課題とみられている。

　効果については，（独）経済産業研究所が産業クラスター計画の評価を試みていて，次の点に言及している。「クラスター政策によって地方企業は取引ネットワークを拡大していて，特に東京や東京周辺の企業との取引を増加させた。地方企業のネットワーク形成における「外延」を拡げる効果を持ったと言える。また，政策は企業の雇用と売上を押し上げる効果を持っていた。」（大久保・岡崎，2015）。

　産業クラスター計画における個々のプロジェクトをみていくと，引き続き事業が継続しているもの，すでに中止したものがある。政策の実施状況に対するモニタリング等調査報告書（経済産業省，2010）や民間シンクタンクの調査（星，2016）によれば，事業が継続し評価されているプロジェクトには共通点がある。

① 初期段階から民間が計画策定に関わっている。
② プロジェクトの推進においても民間が実働部隊となり，ネットワークの拡大にも力を発揮している。

逆に，事業を中止したプロジェクトは次のような点がみられると分析している。

① 地域の特長が活かされず，総花的で画一的な事業計画である。
② プロジェクトに参画した企業の割合が少ない。地域中核企業を巻き込めていない。
③ 政策を推進する組織（プラットフォーム）は行政主導の形で管理運営されている。たとえば，自治体が創設した公益法人など行政機関の内部組織がプラットフォームになっている。

　事業中止のプロジェクトから学ぶべきことは，地方自治体は国からの政策を実施するだけでなく，現場に近い位置から地域に特化した施策とその実行を支援するべきで（大貝，2012），固有の特性，多様性を踏まえた地域のアイデン

ティティを打ち出すことが重要である。そのために，自治体は施策の実行支援
において，経済主体と同様の目的を掲げ，地域企業の抱える問題について熟知
して，産学民の人々と情報をシェアしながら一緒になって解決策を探索しなけ
ればならない（和田，2013；大貝，2012）。

　ところで，「地域の産業振興」の中の地域に注目すると，地域コミュニティ
という考え方がある。地域コミュニティとは，地域の中で議論を行う場を持
ち，将来の方向性に関する合意が形成されてシェアされることを可能にする装
置である（岡本，2009）。地域コミュニティと産業集積の関係は次のように指
摘される。「日本では地域コミュニティの機能が海外の先進地に比べて弱い。
強い地域コミュニティは，外部に対して集積が開かれている。地域コミュニ
ティの論理が弱ければ，集積内の企業が短期的な機会主義に走り，たとえ多数
の企業が立地しているにもかかわらず集積として十分に機能しない。」（岡本，
2009）。

　ここで，これまでの施策，その推進に関してレビューを行った中で得られた
示唆をまとめてみる。産業振興のマネジメントでは，1つは施策の計画段階・
実行段階を通じ，地域のアイデンティティなどを地域内で議論しシェアするこ
と，もう1つは多くの企業や人の参画が得られるように民間が主導すること，
こうした重要性が読み取れる。


## 知識の共有

　インターネット技術の利用・普及を受けて，1990年代後半以降，産業レベ
ルではオープン化が進展している。具体的には，製品のモジュラー化，それに
影響を受けた産業の水平分業化（Baldwin & Clark, 2000），分散型で並行開発
を行うなど開発環境の変化，異なる要素やグループを結びつけてネットワーク
を構築する基盤であるプラットフォーム，企業主体のコンソーシアムによる標
準化（コンセンサス標準）などにおいて観察される。

　その結果，産業構造が従来の垂直統合から水平的な協働・協業へと進んで，
知識に流動性が生まれている。また，オープン化はイノベーションなどのパ
フォーマンスに好影響を及ぼす可能性を秘めている。

　オープン性に関して，古くは，アンダーソン（Anderson, 1959）が受容的，

共感的な雰囲気を持つ集団の状況に対し，開放性という言葉を使って説明している。ここ数年来注目されてきたオープンイノベーションを取り上げてみても，さまざまな研究者が開放性の議論を行っている。開放性は，概ね，外部資源の利用や依存，他者とのつながり，受け入れや協力の程度として捉えられている。いずれも，送り手と受け手の境界線を前提として，それを越えた関係を表現している。

　この境界線について，透明度の点からイノベーションに言及した文献もみられる。ファーリエら（Ferlie, Fitzgerald, Wood & Hawkins, 2005）は境界について，「さまざまな専門家の集団や部門の間に存在し，新しい実践の拡がりを阻止する不透過性を持った境目」と定義している。社会的境界と認知的境界があり，社会的境界は各専門家の「役割」，「アイデンティティ」，「仕事の実践」によって作られる。認知的境界は各専門家の集団や部門の「知識の基盤」と各専門家が培ってきた思考様式である「文化」によって作られる。彼らは，「こうした境界の透明度がイノベーションの拡散の程度に影響する。透明度が高ければ他の集団とコミュニケーションが図れ拡散しやすい（Ferlie *et al.*, 2005）」と述べている。

　インターネット技術はオープン化とともに，共有型経済をもたらしている。資源循環的な共有型経済システムであるシェアリングエコノミー（sharing economy）は，デジタル・プラットフォームに支えられたコラボ消費に基づくもので，その本質は資源を共有・交換・貸借して協働的，循環的に利用する点にある（Lessig, 2008；Botsman & Rogers, 2010）。インターネット技術や，スマートフォンなどの端末同士が対等な立場で情報共有を行う P2P のコミュニティを通じて生まれた「シェア」をコラボ消費，それに基づく革新的な経済システムをシェアリングエコノミーと呼んでいる（Botsman & Rogers, 2010）。

　ボッツマンとロジャーズ（Botsman & Rogers, 2010）の主張するコラボ消費は 3 つの種類に分類できる。1 つ目はプロダクト／サービスのシステム。使われていない私有物をシェアすることにより，活用する仕組みである。カーシェアなどのサービスを指す。所有よりも利用に注目することで選択肢が増える。2 つ目は再分配市場。これは，未利用の中古品や私有物を必要としている人に配り直すことを指す。3 つ目はコラボ的ライフスタイル。交換しにくい無形の

資産（時間，空間，知識，お金）をシェアし，それがコミュニティレベルで拡大することを指す。

　コラボ消費は，資産の価値を引き出して送り手と受け手に便益をもたらすだけではない。資源の節約，資源の廃棄量の削減，環境に対する負荷の軽減を通じて持続可能性に貢献する社会的な側面も期待されている（Botsman & Rogers, 2010）。実証研究を行ったハマリら（Hamari, Sjöklint & Ukkonen, 2016）は，持続可能性への貢献がコラボ消費の先行要因となって消費態度を好ましい方向へ動かし，利用を促進すると指摘している。シェアリングエコノミーでは，対価として金銭を支払う市場経済型の取引と，無償の贈与経済型の取引が合わさっている。このため，市場経済型に近いサービスもあれば，贈与経済型に近いサービスもある（Sundararajan, 2016）。活用されていない個人の資産を有償または無償でシェアするコラボ消費がシェアリングエコノミーを成り立たせている（Botsman, 2015）。

　ところで，無償に言及すれば，知識はオープンな集合財である。集合財とは，一旦ある集団に対して提供されると，その集団に属するすべてのメンバーが利用を妨げられない財である（Olson, 1965）。知識の「共有」に関して神野（2010）は次のように主張している。「知識は個々人が単に「蓄える」ことでは意味がない。知識は他者とシェアし合うオープンな集合財である。金銭的報酬への願望ではなく，知識を分かち合い，学び合う衝動によって知識の革新はもたらされている。」

　オープン性については，すでに言及していて議論の繰り返しになるが，手の内を見せるという言葉がある。手の内とは，心中の思いや，他人に隠した考えや計画という意味である。春木（1988）は，「手の内を見せる場合は隠していることをあからさまにすること，隠し立てしないで公開することである。手の内を見せるとは自己開示であり，自己解放である。」と述べている。自己開示は自分自身に関連する情報を特定の他者に伝達することをいう。「自己に関連する私的で新奇な内容を含めた情報を，他者に正しく，誠実に，意図的に伝達する言語行動」（Fisher, 1984）と定義される。手の内を見せられた受け手は，送り手の自分に対する好意や信頼感を示すものと解釈し，その内容が自分の妥当性を高めてくれるものであれば報酬としての意味を持つ。送り手は，自己開

示によって自己の明確化，社会的妥当化が図れれば，それが報酬として働く（安藤，1986）。

　無償が精神的報酬と結びつくという点で言えば，次のような見方もある。アンダーソン（Anderson, 2009）は著書『フリー』の中で，マズローの欲求段階説の段階構造を当てはめて，「ひとたび基本的な知識や娯楽への欲求が満たされると，私たちは自分の求めている知識や娯楽についてより正確に把握できるようになり，その過程で自分自身のことや自分を動かしているものについてもっと学ぶことになる。それが最後に私たちの多くを，受け身の消費者から，創作に対する精神的報酬を求める能動的な作り手へと変えていく。」と述べて，金銭的欲求を求めない無償労働の議論を行っている。

　「共有」の神野（2010）も『フリー』のアンダーソン（Anderson, 2009）も，知識を学ぶ，創造することにおいて，金銭的ではなく精神的な報酬が重要であると指摘している。

## 第 2 節　　研究の目的

### 境界線を越えて知識をシェアする産業振興

　前節の内容を踏まえると，産業振興では，計画段階で地域のアイデンティティなどを地域内で議論しシェアして，実行段階では民間が主導することが重要である。知識については，インターネット技術の普及によって知識に流動性が生まれている。また，知識はオープンな集合財で他者とシェアし合うもの，自己開示の考えを持ってシェアすることが精神的報酬に結びつく，という見方も注目に値する。

　そこで，産業振興においては，知識の「共有」が重要な論点になると考えられる。シェアに通じる分かち合いの原理は，協力の原理，相互扶助と共同作業である。その中の協力の原理は 3 つの要素からなる。1 つ目は存在の必要性の相互確認，2 つ目は共同責任（すべての社会の構成員が共同して責任を負う，個人のかけがえのない能力に応じて協力する），3 つ目は平等の原則（平等な権利と責任を負う）である（神野，2010）。

　協力に関して，組織間関係論では協同戦略パースペクティブが提唱されている。これは組織間協同目標の追求に注目して，組織間で互いに相互依存しながら組織間の協力を図っていく側面を重視している。具体的には，情報の流れ，人の流れ，仕事の流れ，影響力の流れなどを通じてつながり，それぞれ協同が行われる（Astley & Fombrun, 1983）。協同戦略パースペクティブは，利他的に相手に歩み寄ろうと協調行動をとる点に特徴がある（亀倉・栗本，2019）。

　振興施策の草創段階で言えば，知識・情報の流れを築くことが第一歩になるであろう。目標・方針が腑に落ちる形で意味づけられて，対象とするべき分野の知識・情報がオープンにシェアされる。このようなプロセスを踏まえれば，企業や人の参画が促進されて，参加者同士が対等な立場で議論し協力し合う関係が築ける。対象分野の知識・情報であるので，自ずと，民間が主導する形になる。

　これを経営戦略的な視点から述べると，まず，地域の産学官が連携して当地が取り組むべき分野を焦点化する。個々の企業では戦略方向を次のように絞り込む必要があろう。

　①　焦点化された分野の中から自社が選んだ事業について，競争とは別に「他の会社とシェアする」領域と，「独自に専門的に取り組むべき」領域を切り分けること。

　②　各企業は限られた資源を後者に集中的に投入し独自性を追求すること。

　産業振興施策では，前述のような方向を念頭に置きながら，各企業に共通した「他者とシェアする」領域を定め，この領域をしっかりと支援する。それによって，各企業が独自に集中して取り組める環境が整う。

　「他者とシェアする」領域，すなわち産業振興で支援する領域として，たとえば，市場面では，地方企業に共通して高いハードルとなっている市場・取引に関する情報の収集が挙げられる。情報をシェアし合うことによって一企業当たりの負荷が低減できる。シェアした情報は市場競争において県外・域外企業と差別化を図る源泉になる。

　技術面でみればオープン化が進行する中で，オープン技術の効果的な利用・組合せ方法を共同学習したり，新たな用途を共同開発したりするなど技術的知識・スキルの共有が考えられる。

**問　い**

　以上の議論を踏まえると，産業振興では，焦点化した分野でオープンに語り合える領域，すなわち「他者とシェアする」領域を明示する。そこには人や企業が集い，その結果，市場・技術の知識交換が促進される。無償でシェアし合い利他的であれば，新たな協力が生まれやすい。経営戦略上，領域を絞り込めるかどうかが重要になる。

　本書は，「人や企業の参画が基点となる地域の産業振興において，組織の境界線を越えて課題を解決するに当たり，どんな知識が協力を促進するのか。そのための仕組み―精神的な報酬をもたらしてくれる仕組み―をどのように築くのか。」を問いかけて，知識・スキルという無形の資源を無償でシェアし合う点，つまり知識共有に着目しながらふさわしい答えを探索することを目的としている。

　知識の共有について，「知識はオープンな集合財であるからこそ，他者と分かち合い，学び合うものである」と定義する。それにより，次のような状況が築かれることを期待している。

① 産業振興に関係するさまざまな知識が等しく知り得て，参画する個人間・組織間で知識に非対称性が生じないこと。

② 等しく知り得た知識が個人間・組織間のネットワークを通じて水平的に拡がり，参画する人・企業が増えること。

③ 参画した者同士で協力し合う機会が持てること。

　また，本書でいう知識は，シンボル（概念的知識），メタ知識，経験知を指している。シンボルは象徴記号であり，その中でも言語的なシンボルに注目する。多義的な意味を持っているが，センスメーキングやセンスギビングを通じて形式知である概念的知識として生成されるものと捉える。メタ知識は，ある分野の結果を網羅できる知識である。本書では誰が何を知っているかを認識すること（Wegner, 1987）を指すトランザクティブ・メモリーに注目している。経験知は，経験によって直接体得した暗黙の知識，スキル，ノウハウをいう。

　これらの知識は，センスメーキングとセンスギビング，トランザクティブ・メモリーシステム，実践共同体での越境的学習，といった相互作用（やり取り）を通じて，産学官のセクター間，企業間，エンジニア間でシェアされる状

図1-1　知識をシェアする手段・主体の構図

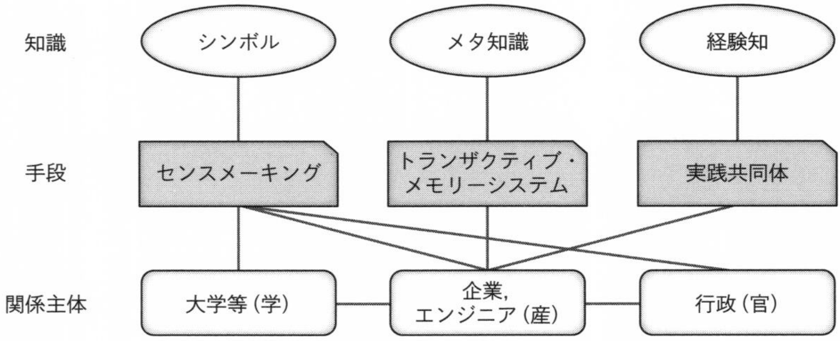

出所：筆者作成

　態が重要である。図1-1では，知識・手段・主体の結びつきを示している。
　センスメーキングとセンスギビングは，それぞれ，意味づけたり意味を付与
したりする行為，他者のセンスメーキングに影響を与える行為をいう（Weick，
1995）。これらを通じてシンボルは1つの意味方向を指し示す概念的知識とし
て生成される。
　トランザクティブ・メモリーシステムは，トランザクティブ・メモリーに基
づく他者の知識を変換・蓄積・検索するために，関係者の間でシェアされる記
憶システムである。
　実践共同体と越境的学習について言えば，実践共同体はあるテーマについて
関心や問題，熱意などをシェアしようとする人々が，継続的な相互交流を通じ
てその分野の知識や技能を習得していく非公式な集まりである（Wenger，
McDermott & Snyder，2002）。越境的学習は個人が所属する組織の境界を往
還しつつ，自分の仕事・業務に関連する内容について学習・内省すること（中
原，2012）をいう。実践共同体では越境的な学習がしばしば行われて経験知
がシェアされる。

**分析の枠組み**

　問いにアプローチするには，他者との境界線だけでなく，いくつかの境界線
を越える観点を持つ必要があろう。そこで，3つの観点を設定する。1つ目は

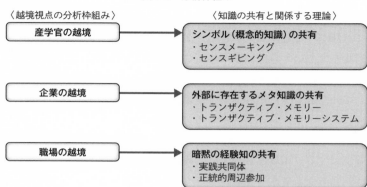

図1-2　分析枠組み

〈越境視点の分析枠組み〉　　　　　　　〈知識の共有と関係する理論〉

産学官の越境　　→　シンボル（概念的知識）の共有
・センスメーキング
・センスギビング

企業の越境　　→　外部に存在するメタ知識の共有
・トランザクティブ・メモリー
・トランザクティブ・メモリーシステム

職場の越境　　→　暗黙の経験知の共有
・実践共同体
・正統的周辺参加

出所：筆者作成

地域の「産学官のセクターの境界線」を越えてつながること，2つ目は「企業の境界線」を越えること，3つ目は「個々の職場の境界線」を越えること，こうした観点から知識の共有に着目した分析枠組みを設けて考察を進める。分析枠組みは図1-2 に示す。

　境界線を越える，つまり越境とは，公式組織の壁を越えて別の組織に実践や課題を持ち込み，新しい解決手段を創出したりすることである（佐伯・中西・若狭，1996）。

　1つ目の「産学官の越境」について，振興施策の草創段階に地域を横割りする形で目標・方針をシェアすることを論点とする。合意形成のために過去・現在・未来という連続性の意味づけだけでなく公正・協力を含意したシンボルを生成することの重要性を述べる。シンボルはセンスメーキングを通じて多義性を減らし「意味」に相当する概念的知識に近づく。理論的には第2章で詳しく述べるが，意味・解釈のセンスメーキング，センスギビング，シンボルの既存研究を踏まえながら，次の仮説を概念的に提示する。

①　組織をまたぐプロジェクトでは，認知レベルにおいて，共通性を映し出すシンボルが必要である。シンボルは，センスメーキングを通じて過去の経験，現在の経験，未来の予期の具現を連鎖させて意味づけるだけでなく，公正・公平の点からも解釈できることが重要である。

②　また，行動レベルから見て，複数の組織が１つの集合体として機能するための工夫を意識する必要がある。シンボルに協力・共生の観点を加えて意味づけると，センスギビングを通じて協調行動が促される。

③　組織をまたいで意味づけられたシンボルは，組織間の認知や行動に影響を与え，これまでゲートキーパー，橋渡しなどのように人や組織に注目して語られてきた境界連結の役割を手助けする道具となる。


　2つ目の「企業の越境」について，大市場に存在するメタ知識をシェアすることを論点にする。市場に接近するために地域外部の誰が何を知っているかを認識する知識をシェアする仕組みを述べる。理論的には第3章で詳しく述べるが，メタ知識であるトランザクティブ・メモリー，カンファレンスなどのテンポラリー・クラスター，場のマネジメントの既存研究をもとにして，次の仮説を概念的に提示する。

①　産業振興では，地域外部に存在する公式的でないトランザクティブ・メモリーに注目して，市場や技術に関して適切な人を知るよう努めることが重要である。

②　トランザクティブ・メモリーに効率よく接触する方法の1つは，テンポラリー・クラスター（カンファレンスなど）を継続して開催すること，そして，当地域に集まった地域外からの参加者とバズを介して情報交換を行うことである。開催の継続は，情報的影響力のある準拠集団としての当地域の認知を高める。

③　地域が得たトランザクティブ・メモリーを，統合的・選択的に地域内へ伝搬させるよう工夫する。参加者間のバズを重視し，情報的刺激のある内容に配慮した「場」を作れば，知識が拡がりやすい。


　3つ目の「職場の越境」について，職場外部に目を向けた越境的学習を通じて経験知をシェアすることを論点にする。エンジニアが自発的に暗黙の経験知をシェアする環境と相互の理解やつながりについて述べる。理論的には第4章で詳しく述べるが，正統的周辺参加，実践共同体，知識移転の既存研究に基づいて，次の仮説を概念的に提示する。

①　エンジニアは仕事への応用や発展性を感じる勉強会に対し，会社を越えてでも参加して，他のメンバーと関心や問題をシェアしながら一緒に学ぼうとする。

②　多重参加や新たな参加者による勉強会メンバーの多様化が，それまで自社内に限られていた学習環境を変えて，エンジニアのスキルに影響を与える。

③　サードプレイスとしても認識される勉強会では，エンジニアは互いの状況を理解し合うことが，人的なつながりを促進する。また，相互の理解や関係が経験知の共有に影響を与える。

センスメーキングやセンスギビング，トランザクティブ・メモリーおよびトランザクティブ・メモリーシステム，知識移転などは，主に単一の組織や企業集団（グループ会社間）を対象として議論されてきた知見である。本書では，地域の産学官のセクターの境界線を越えること，企業の境界線を越えること，個々の職場の境界線を越えること，の観点を重視している。したがって，前述の理論は適用範囲が拡がった中でも十分に応用可能かどうかを確認する狙いもある。

## 第3節　研究対象とする産業振興の事例

### 選定に当たって

　前節で先行研究や理論をもとにして仮説を概念的に提示したのだが，それが実際の産業振興における「知識の共有」の現象を説明できるものかどうか，確かめる必要がある。そこで，事例には松江市（島根県）が 2006 年から取り組んできた Ruby City MATSUE プロジェクトを取り上げる。

　産業振興では地域資源の活用，人や企業が参画しやすい点，推進組織（プラットフォーム）が民間主導である点，が基本条件として重視されなければならない。従来，こうした点は推進する関係者のリーダーシップに委ねられ，その進捗状況は民間企業でいうところの株主などのステークホルダーから厳格に監視されている訳ではない。そのため，計画通りに進められる地域，そうでな

い地域，マネジメントに巧拙の差が出て確実性を欠いているのが現状である。

　社会・経済がデジタル化しオープン化する潮流の中，選択的に焦点化された分野でオープンに語り合える領域，すなわち「他者とシェアする」領域を高らかに掲げれば，人や企業の関心を呼んで相互交流が始まる。協力を生む仕組みを築くと，関係者のリーダーシップが強化されてマネジメントは向上する。

　こうした観点から，ソフトウェア産業振興策の「Ruby City MATSUE プロジェクト」に注目している。このプロジェクトでは，1つ目に，オープンソースソフトウェア（OSS：Open Source Software）のプログラミング言語である「Ruby」という地域資源を活用している点が挙げられる。OSS とは，ソースコードが公開されているソフトウェアを指す。ソースコードはプログラミング言語を用いて記述したソフトウェアの設計図である。海外発のプログラミング言語が主流を占める中で，Ruby はまつもとゆきひろ氏（松江市在住）が開発した日本発の OSS のプログラミング言語である。

　2つ目に，OSS であればエンジニアや企業が参画しやすい点が挙げられる。OSS の開発者コミュニティに参加したり，受注したシステムや自社製品の開発業務の中で OSS を積極的に利用したりすることができる。

　3つ目に，プロジェクトの推進組織が任意団体のしまね OSS 協議会であり，会長は OSS や Ruby に造詣の深い地場企業の社長，副会長は大学教員，事務局を地場企業に置いて，民間主導で活動している点が指摘できる。

　松江市の場合は，産業振興の対象を従来型の製造業や工場誘致とは異なり，OSS に絞り込んでいる点が特異である。単一の事例研究であるが，松江市の事例は，イン（Yin, 1994）が示した「ユニークな現象や希少な現象を観察する機会を作り出すために単一事例が選択される」という条件に合致し，産業振興において一定の成果を生み出している（次のプロジェクトの経緯を参照）ところから研究に相応しいと考えた。現実の事例において，「知識の共有」の現象を確認できれば，概念的な仮説に対する理解が深まることになる。

## Ruby について

　Ruby は日本発の OSS のプログラミング言語である。世界の主要言語のうち日本で生まれた言語は Ruby だけである。自然言語に近いスクリプト言語の

グループに属し，プログラムを簡単に記述できるオブジェクト指向の言語である。記述量が少なくて済み，文法が英語に近く，人間のイメージを表現しやすい。事前のコンパイルが不要なインタープリタ形式で効率よく作業ができる生産性の高さに特徴がある（Bruce, 2010）。2004 年に Web 2.0 の潮流の中で，Web アプリケーション開発フレームワークの Ruby on Rails がデンマーク人のプログラマによってリリースされた。これがキラーアプリケーションとなって，Ruby は世界的に注目を集めるようになった。

　世界の IT 系スタートアップでは，プログラミング言語に Ruby を使用する企業は多い[1]。また，代表的な利用例として，たとえば，Web サービスで言えば，GitHub（ソフトウェア開発者向け SNS），Airbnb（宿泊施設仲介サービス），Hulu（動画配信サービス），GOV.UK（英国政府ポータルサイト）などが挙げられる[2]。

　Ruby は 1996 年にバージョン 1.0 を公開して以降，2013 年にバージョン 2.0，2020 年にバージョン 3.0 を公開した。3.0 は，課題とされていた処理速度を最大 3 倍向上させるなど大幅なアップデートで大規模なシステム開発案件にも対応できるようになった[3]。

## プロジェクトの経緯

　松江市はプログラミング言語「Ruby」をオンリーワンの資源と捉えて，2006 年から産学官が一体となって「Ruby City MATSUE プロジェクト」を推進している。「Ruby のメッカ」のシンボルを掲げ，発信することによって準拠集団としての一定の認知を地域内外から得てきた。それは，Ruby 開発者のまつもと氏や，その所属先の OSS 開発企業の（株）ネットワーク応用通信研究所，Ruby 普及団体である（一財）Ruby アソシエーションの存在，Ruby に対する松江市や島根県の強力な支援，島根大学や松江工業高等専門学校による継続的な Ruby 人材の輩出などの要因に負うところが大きい。

　たとえば，プロジェクトがスタートして以降，松江市は 2007 年度に地域づ

---

1　"Y Combinator-Top 50 Software Startups," CHARLIE REESE, SEP 13, 2020.

2　Ruby25 周年記念イベント「Ruby25」（2018 年 2 月 24 日）で配布された小冊子を参照。

3　「地域再生への道」日本経済新聞 2021 年 1 月 8 日付。

くり総務大臣表彰・団体表彰，日経地域情報化大賞，インターネット協会賞を受賞した。Ruby 開発者のまつもと氏は 2007 年に「プログラミング言語 Ruby」で日経 BP 技術賞の大賞，情報化月間・情報化促進部門・経済産業大臣表彰を受賞，2009 年には第 3 回ものづくり日本大賞経済産業大臣賞を受賞，また，Ruby 開発の功績により松江市の名誉市民に選ばれた[4]。

　行政の支援に関して言えば，松江市は開発交流プラザの松江オープンソースラボを開設，その活動母体として産学官からなる任意団体のしまね OSS 協議会の立ち上げを支援した。この他，合同会社 Ruby アソシエーションの設立（その後一般財団法人化する），島根大学や松江工業高等専門学校での Ruby プログラミング講座の開講を支援し，さらに，Ruby を利用した行政システム案件の入札・発注を行った。島根県は 2008 年度から Ruby を利用したソフトウェア開発の振興に対して実践的な人材育成，先進的技術情報の発信とビジネス・販路の拡大などの支援を施策の柱とした。人材育成では県外からのプロジェクトの受注を支援し，技術情報では世界に向けた Ruby の技術と利用に関する発信に取り組んだ。つまり，県外を意識した点が目を引く。たとえば，Ruby アソシエーションを中心にして（独）情報処理推進機構（IPA）の支援を得ながら国際会議 RubyWorld Conference を主催する準備を整え，2009 年に松江市で第 1 回目を開催した（以降，毎年開催）。

　これらの支援や個々の活動を通じて収集した県外の情報を地域内へ伝搬する場が，プロジェクトのスタートと同時に発足した前述のしまね OSS 協議会が開催するオープンソースサロンである。オープンソースサロンとは地域の企業や組織をまたいだオープンソースソフトウェアの研究会であり，プロジェクトの象徴的な役割を担う相互交流の場である。

　ここで，経済的な指標を見ると，2021 年度，松江市を含めた島根県のソフト系 IT 産業の売上高は 322 億円，県内従事者数は 2022 年 4 月時点で 1,717 人に達した。プロジェクトがスタートした 2006 年当時と比較すると売上高が約 3 倍，従事者数は約 2 倍に増加し，着実に発展を遂げてきた（（一社）島根県情報産業協会調べ）。また，プロジェクトの開始以降，島根県に進出したソ

---

**4** 「まつもとゆきひろの履歴書」『僕らの履歴書』エン・ジャパン，2019 年 9 月 26 日号 https://employment.en-japan.com/myresume/（閲覧日 2022 年 4 月 3 日）

図 1-3　島根県のソフト系 IT 産業の売上高と県内従事者数

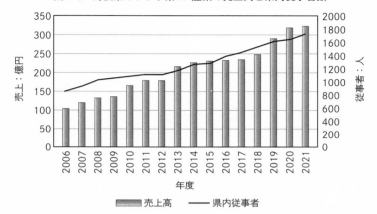

注）売上高，従事者数は島根県情報産業協会が会員企業などを対象に調査した数値である。
　　県内従事者とは，県内本社企業および県外本社企業の県内事務所に勤務する従事者数
　　を示す。
出所：(一社)島根県情報産業協会『ソフト系 IT 業界の実態調査報告書』

図 1-4　島根県に進出したソフト系 IT 企業の累計件数

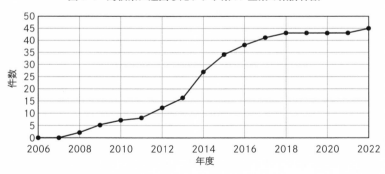

出所：島根県企業立地課調べ

フト系 IT 企業は 2022 年度で累計 45 件に上っている（島根県企業立地課調
べ）。こうした数字からみれば，プロジェクトは一定の成果を生み出している
（図 1-3，図 1-4 を参照）。
　島根県ソフト系 IT 産業の売上高と利益の関係を見たのが，図 1-5 である。

図 1-5　島根県ソフト系 IT 産業の売上高経常利益率の推移

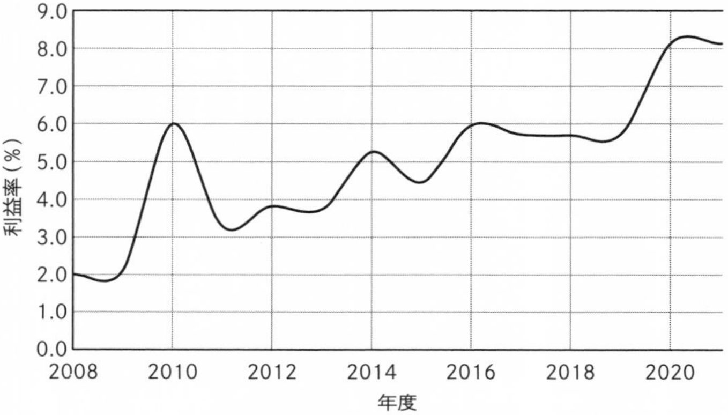

出所：(一社)島根県情報産業協会『ソフト系 IT 業界の実態調査報告書』

表 1-1　島根県ソフト系 IT 産業の指標

|  | 2008〜2013 年度 | 2014〜2019 年度 | 2020〜2021 年度 |
|---|---|---|---|
| 売上高<br>経常利益率 | 3.5% | 5.5% | 8.2% |
| 経営レバレッジ<br>係数 | 4.7 倍 | 2.9 倍 | 5.1 倍 |

注) 売上高，経常利益は島根県情報産業協会が会員企業などを対象に調査した数値である。これをも
とにして筆者は 3 つの期間に分けて利益率，係数を算出した。経営レバレッジ係数は利益の売上高
弾力性を表している。上表では，

$$経営レバレッジ係数 = \frac{営業利益（OI）の変化率}{売上高（S）の変化率} = \frac{dOI}{OI} \bigg/ \frac{dS}{S} = \frac{S}{OI} \cdot \frac{dOI}{dS}$$ において，営業利益

を経常利益で代用し計算している。

出所：(一社)島根県情報産業協会『ソフト系 IT 業界の実態調査報告書』をもとに筆者が算出

　直近では売上高経常利益率が 8% に達し，利益率の向上がうかがえる。また，
発展段階を 2008〜2013 年，消費税率が 8% に引き上げられて以降の 2014〜
2019 年，新型コロナウイルス感染症拡大期の 2020〜2021 年の 3 つの期間に分
けて捉えてみると，そうした傾向がいっそうはっきりと確認できる（表 1-1 を
参照）。
　加えて，経営リスクの観点から売上高，経常利益を用いて経営レバレッジ係

図 1-6 島根県 Ruby エンジニアの認定者数と非認定者数

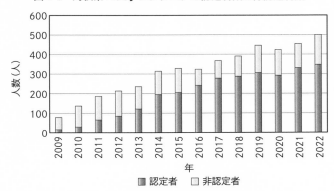

注）Ruby 認定技術者とは，（一財）Ruby アソシエーションが認定した
ゴールドとシルバーの技術者の合計を示す。
出所：（一社）島根県情報産業協会『ソフト系 IT 業界の実態調査報告書』

数を算出した。3 つの期間に区切ってみると，係数が 3 倍～5 倍程度の範囲内
である。情報・通信業界の全国平均値（7 倍程度）よりも低い数値であり，相
対的に固定費が小さく変動費の割合が高い企業が多いとみられる。売上高が増
加しても，利益額が急激に増加するということはないが，逆に，売上高が減少
した場合の利益の減少幅は小さいと考えられる。

　売上高や雇用以外の成果として，地域のエンジニアのスキルが高まってきて
いる。図 1-6 は Ruby が使えるエンジニア数について，認定者数と非認定者数
の内訳を示している。認定試験制度に基づく認定者の人数とそれが占める割合
が増加している様子がうかがえる。この他，応用情報技術者などの資格保有者
についても増加が確認できる。

　エンジニアのスキルに深く関連する勉強会に言及すれば，プロジェクトがス
タートして 3 年目くらいから，オープンソースサロンなどの影響を受けた有志
が IT 勉強会をボランティアで立上げ，そこにエンジニアが集まって活動は始
まった。その後，解散したものも含めると，県内で 15 を超える勉強会が結成
されている。IT 勉強会の開催件数に関して，島根県は従事者数当たりでみた
開催密度が高く，全国でも有数である（2019 年のデータでは，情報サービス
産業従事者 100 人当たり 8.25 件の開催，詳しくは第 4 章 5 節を参照）。これ

は，プロジェクトが及ぼしてきた影響である。

　個々に見ていくと，島根県が中心となって2015年から始めた全国を対象とする「Ruby biz グランプリ」において，2022年に，地元企業で初めて工業用ミシン製造のJUKI松江(株)が大賞を受賞した。このグランプリはRubyを活用した優れた事例を顕彰するものである。同社はしまねソフト研究開発センター（ITOC）と共同で，Rubyを実装した軽量のプログラミング言語mruby/cを活用してミシン本体の機能を制御する補助装置を開発したことが高く評価された（詳しくは第3章5節を参照）。

　また，Rubyコミュニティにおいて顕著な活動に貢献した人を称える国際的な「Ruby Prize 2020」（(一財)Rubyアソシエーションなどが主催）において，前田剛氏（ファーエンドテクノロジー(株) 代表取締役）が地元から初めて候補者に推薦された。Ruby製のオープンソースソフトウェアのプロジェクト管理ツール「Redmine」のコミッター（ソースコードを更新できる権限を持つ人）として機能開発・検証や普及活動に尽力したことが評価された（第3章5節を参照）。

　なお，しまねソフト研究開発センターは，県内企業の商品・サービスの創出に際して技術的な課題を解決することを目的に，2015年に（公財)しまね産業振興財団内に開設された。Rubyを実装した軽量のプログラミング言語mruby/cに関して，前述のJUKI松江(株)以外にも，松江工業高等専門学校・(株)テクノプロジェクトと，新型コロナウイルス感染症防止対策に有効な「換気」のタイミングを通知する室内換気IoTシステムや，出雲市の(株)島根情報処理センターとmruby/c標準搭載マイコンボード「RBoard」などを共同開発している（RBoardは2020年のフクオカRuby大賞にて特別賞を受賞）。

　ところで，新型コロナウイルス感染症が拡大する中で，ソフトウェア開発では，地方企業への委託であるニアショア開発が注目を集めつつあるが，チーム出雲オープンビジネス協議会もその1つである。2015年に発足し，出雲市（島根県）に拠点をおくソフト系IT企業が参加する組織で，案件を共同受注し開発する仕組みを作っている。加盟企業は22社，案件に応じて各企業の得意分野を活かしたチーム編成と安定したリソースの供給を行っている。開発言語ではRubyを使える加盟企業は多い。

　同協議会では，加盟企業間は元請け・下請けの関係でなく，対等な関係を重視している。コアになる企業が営業して受託した案件の中から，適宜，開発業務をシェアして，仕様変更に柔軟に対応できるアジャイル方式での開発を進めている。東京にオフィスを設けているコア企業では，チームで対応するべきと判断した案件に対して，共同が可能な会社を加盟企業から募る。コア企業は責任主体となって受託業務全体の管理も行う。

　発足当初は，リスクマネジメント上，リカバリーが効くように小さく始めたが，徐々に受託規模が大きくなって，現在は首都圏の発注側の信頼を得ている。2022年にアジャイル開発事業において同協議会と出雲市は大手通信キャリアとの間で連携協定を結んだ[5]。

　最近の動きとして，松江市・出雲市のソフト系IT企業の間では，株式や事業の譲渡，事業統合といったM&Aが行われ始めている。産業界から注目されている証左でもあろう。

## 第4節　　事例の調査方法

　産学官の連携によりソフトウェア産業振興に取り組むRuby City MATSUEプロジェクトを中心として調査を行っている。特に，オープンソースソフトウェア（OSS）に焦点を当てた点が特異であり，製造業・工場主体の従来型とは一線を画した産業振興である。

　調査方法は，草創段階でプロジェクトの組成・推進に関わった企業，大学，行政の関係者に対するインタビュー，プロジェクトを推進する中で展開されるカンファレンスなどのテンポラリー・クラスターの開催・運営に関わった企業，大学，行政の関係者に対するインタビュー，さらに，プロジェクトの影響を強く受けた有志がボランティアで開いている勉強会について，その立ち上げ・運営に関わってきた主宰者，勉強会への参加者等の関係者に対するインタビューを行った。

---

5　チーム出雲について，北村功氏（（株）島根情報処理センター・代表取締役社長），小村淳浩氏（（株）イーグリッド・代表取締役CEO）へインタビュー実施（2023年3月27日）。

　これらのインタビュー調査と，インタビューにおける認知バイアスを補うためにアーカイバル・データ，新聞・雑誌記事など公刊資料を参考にして，それらから得られたデータ分析を踏まえて，プロジェクト活動の状況を記述している。

　インタビュー調査は，各インタビューイーにプロジェクトの草創・始動段階（2005 年〜2007 年），あるいは，テンポラリー・クラスターが本格的に展開される段階から新型コロナウイルス感染症が拡大する前まで（2008 年〜2019 年），勉強会を結成して立ち上げる段階から現在に至るまで（2008 年〜2022 年）を回顧してもらい，当時の状況や経験を語ってもらう形式で実施した。

　また，提示した質問に答えてもらうが，質問の順序にこだわらず話の流れを重視する半構造化の方法をとった。各インタビューの所要時間は 1 時間〜1 時間 30 分程度で，2022 年 3 月から 2023 年 4 月にかけて行った。

　分析枠組みに対応した事例調査のポイントを挙げると，次のようになる（図 1-7 を参照）。産学官の越境では，地域資源に着目した経緯，推進組織とその活動，行政からのシステム発注などについて，「何を手掛かりにして，どのように意味生成し，合意を形成したのか」に主眼を置いた。

　企業の越境では，カンファレンスなどテンポラリー・クラスターの開催，顕彰制度の創設，オープンソースサロン（研究会）などについて，「地域が外部に存在する非公式な知識に対してどのようにアプローチし，それをどんな形でシェアし合うのか」を重点的に調査した。

　職場の越境では，有志が自発的に立ち上げた代表的な 3 つの IT 勉強会の発

**図 1-7　分析枠組みと事例内容**

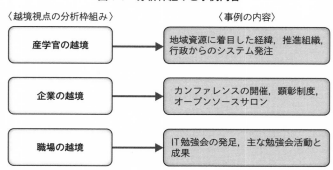

足，活動内容などについて，「参加者はどんな学びについて互いにシェアし，どのような影響を与え合っているか」に焦点を当てた。

## 第5節　本書の構成

　本書では，「人や企業の参画が基点となる地域の産業振興において，組織の境界線を越えて課題を解決するに当たり，どんな知識が協力を促進するのか。そのための仕組みをどのように築くのか。」を問いかけて，「知識をシェア」し合う点に着目しながら答えを探索することを目的としている。

　図1-8 に示した通り，全体を次のように構成している。

### 第1章　産業振興と知識の共有

　問題の所在，研究の目的と分析の枠組み，研究対象とする産業振興事例の概要，補論としてソフトウェア産業とオープンソースソフトウェアについて説明

**図1-8　本書の構成**

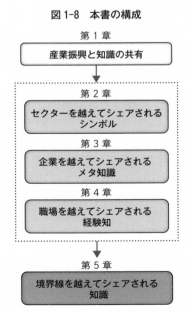

する。

### 第2章　セクターを越えてシェアされるシンボル

地域の企業，大学，行政をまたいで意味や解釈をシェアする場合にセンスメーキングが有効であるが，そこで求められる要素や条件を検討する。その上で，意味づけや解釈の仕方においてシンボルを活用することの有用性を確認する。

### 第3章　企業を越えてシェアされるメタ知識

メタ知識であるトランザクティブ・メモリーとカンファレンスなどのテンポラリー・クラスターの関係に注目する。大都市圏に存在するトランザクティブ・メモリーをどんな方法で収集し，収集した知識はどのようにして域内の企業間でシェアするのか，こうした仕組みについて考察する。

### 第4章　職場を越えてシェアされる経験知

地域の産業振興の担い手となるエンジニアの越境的学習に注目する。地域の有志が立ち上げた勉強会に自発的に加わることが自らの学習を促し，エンジニア間の知識の共有や円滑な関係構築に影響を及ぼすことについて考察する。

### 第5章　境界線を越えてシェアされる知識

問いの「協力を促進する仕組み」に対して，第2章，第3章，第4章で考察した「知識をシェアする」ことの知見を踏まえながら，組織の境界線を越えて

表1-2　本書で使用する用語の意味

|  | 本書での意味 |
|---|---|
| 越境 | 職場，企業，セクター，それぞれの境界線を越えて行動すること |
| 知識の共有 | 知識を多くの人や企業と分かち合い，シェアすること |
| センスメーキング | 意味づけたり，意味を付与したりする行為 |
| センスギビング | 他者のセンスメーキングに影響を与える行為 |
| トランザクティブ・メモリー | 誰が何を知っているのかを認識すること |
| テンポラリー・クラスター | 開催期間が定められたカンファレンス，専門家会議，展示会などのような一時的な集積現象 |
| 経験知 | 経験によって直接体得した暗黙の知識，スキル，ノウハウ |
| 勉強会 | 有志がボランティアで主宰している学びの場 |

出所：筆者作成

課題解決に当たる上でのインプリケーションを提示する。また，今後の課題に
も言及する。

　なお，本書の中で使用する用語について，表 1-2 で示すような意味づけを行
い，統一して用いる。

# 補論
# ソフトウェア産業とオープンソースソフトウェア

　本書で取り上げたソフトウェア産業振興の事例に対して理解が深まるように，日本のソフトウェア産業，オープンソースソフトウェア（OSS），OSS コミュニティとビジネスの概況について紹介する。

## 第1節　日本のソフトウェア産業

　まず，日本のソフトウェア産業の特殊性について確認しておこう。ソフトウェア産業は製造業に必要な生産設備などの有形物を持たない点が１つの特徴で，無形財という側面がある。また，産業全体の構造は，川上に当たるベンダー（システム開発会社）やユーザーを中心とした要件定義，基本設計の工程から川下のプログラミング，コーディングの工程に至るまで分業が行われる体制である。

　ソフトウェアには，独自の業務処理用として特定ユーザー向けに開発するオーダーメードのカスタムソフトウェアと，汎用性を持ち多くのユーザーが利用できる標準品のパッケージソフトウェアがある。パッケージソフトウェアが主体である米国に比べて，日本では企業の約 2/3 がカスタムソフトウェアを利用している。その大きな理由として，企業に特有のノウハウが活かせるよう設計できること，そのことが生産性と正の相関を生んでいるためである（田中，2010）。

　たとえば，カスタムソフトウェア開発では，ユーザーが発注するシステムが大きいほど大手のベンダーが業務を受託する。元請けとなった大手ベンダーは上流工程の開発に特化し，プログラミングなどの下流工程をそのグループ企業や中堅ベンダーへ委託する。委託された企業は，さらに小規模ベンダーへと再

委託する。このように，元請け，1次請け，2次請け，3次請けという多重の下請け構造であり（竹下，2019），大手ゼネコンを中心とする建設業界に似ている。

前述のような開発方法はウォーターフォールモデルと呼ばれる。ユーザーからの要望を取り入れて，仕様を決めて設計に落とし込む上流工程と，その仕様や設計をもとにプログラムを作り上げてテストを行う下流工程から構成される。作業は見積り，業務分析，要件定義，基本設計など逐次的に進んでいき，必ず前の工程が完了してから次の工程へ移る。

開発の初期段階で問題を発見することにより，後工程での設計変更を減らし，前工程への手戻りを防いでいる。この手法は開発コストの増加や開発期間の長期化を防ぐことを目的としているため，上流工程の基本設計や概念設計に重きが置かれている（竹村，2001）。しかし，途中でユーザーの要望が変わった場合は，予め決められた計画と目的に従うという制約のために対応することが難しい。

北米では提供されるソフトウェアが専門化・細分化していて，小規模のベンダーも多い。しかし，日本のような下請けビジネスはあまり見られない（高木，2007）。また，開発では作業のモジュール性を重視し，仕様変更にも対応できるアジャイルと呼ばれる手法が採用されている（West, Grant, Gerush & D'Silva, 2010）。

産業レベルでの大きな動きとして，2000年代後半からクラウドが普及し，ユーザーはハードウェアなどのIT資産を持つ必要がなくなった。アプリケーションをクラウドサービスとして提供するSaaS（Software as a Service）が活用され始めるなど，ハードウェア上で動くソフトウェアが重要になりつつある。

産業集積を見ると，日本ではソフトウェア開発の企業とその従事者は首都圏，とりわけ東京に集中している（図1-9を参照）。一般的に産業の立地では，「顧客への距離」，「原材料の性格と分布」，「関連する産業の立地」などが大きな要因になっている（松原，2002）。この中の原材料について言えば，ソフトウェア開発の場合は知識，すなわち専門人材に相当する。東京へ集積する要因として，実際，次のような点が指摘されている（林，2001）。

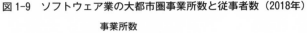

図1-9　ソフトウェア業の大都市圏事業所数と従事者数（2018年）

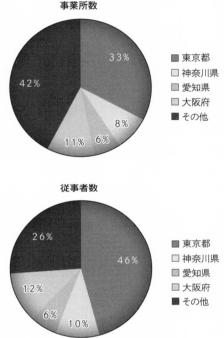

注）総事業所数は 21,953，総従事者数は 639,115 人。
出所：経済産業省「特定サービス産業実態調査報告書」令和元年9月

① 需要規模（市場）が大きく，取引関係を築くには近接する必要がある。特に，カスタムソフトウェアの開発ではユーザーの業務内容について詳細な打合せを行わなければならない。

② 産学官，それぞれの有力なキーパーソンが存在し，彼らを中心にした人的ネットワークの基盤が作られている。

③ ITエンジニアの相互交流の場が数多くあり，人材の採用に有利である。

東京は，取引コスト，情報入手コスト，採用コストの点から費用節約のメリットが大きいのである。

# 第2節　オープンソースソフトウェア（OSS）

　コンピュータソフトウェアなど情報そのものを商品化して取引する財は「情報財」と呼ばれている。情報財とは物的な性質ではなくて，媒体に体現されている情報によって価値が決まる財をいう（Krugman & Wells, 2006）。情報に価値があるので取引される。

　情報財については次のような特徴が指摘されている（福田・須藤・早見，1997）。

① 使用価値は，入手し利用するまでその質が分からない。また，それが一定でなく評価が分かれる。

② 生産・制作は情報の認識・創造と大きく関係していて，それに携わる人のセンス，才能，経験に影響を受ける。

③ 取引ではオリジナル情報のコピーが販売される。オリジナル情報は手もとに残り，コピー費用はかからない。高い固定費と低い限界費用（追加的費用）から構成される構造である。オリジナルとコピーを通じてシェアし合うという点から見れば，物的財とは異なり公共財の色合いを持っている。

　ところで，オープンソースソフトウェア（OSS）とは，ソースコードが公開されているソフトウェアを指し，原則無償で提供される。OSSの開発では，最初の開発者やコアコミッターと呼ばれる中心的開発者以外にも，一般技術者やユーザーなど誰でも自発的に参画でき，価値をシェアし一体感を生むコミュニティが形成される（青山，2002）。通常，ソフトウェアは著作権法で著作物として保護されるため，所有している企業は排他的に利用することが多い。しかし，OSSは誰もが自由に利用できる共有資源であり，公共財である（竹田，2005）。

　OSSを利用するユーザーは選択の自由度や，制約のある非公開ソフトウェアからの解放感を手に入れ，開発するベンダーは中身の分かる製品が作れるという満足感，自己矛盾を感じていた非公開ソフトウェアからの解放感を覚える

（桑原，2006）。

OSS では，ソースコードが公開されたとしても著作権は開発者にあるため，ライセンスをソフトウェアに付けて再頒布を許諾している。再頒布は複製権の使用になり，権利者である開発者が複製をライセンスの中に謳うことによって許諾する。ライセンスがなければ開発者以外は誰も頒布ができないことになる（宮原・姉崎，2021）。

公開されたソフトウェアがオープンソースと呼べるプログラムかどうかの判断基準として，OSS を推進する Open Source Initiative（OSI）が再頒布の自由，個人・団体は差別されない，利用分野は差別されないなど，その頒布条件を以下のように定めている。

① 再頒布の自由

さまざまな出自のプログラムを集めたソフトウェア頒布物（ディストリビューション）の一部として，ソフトウェアを販売あるいは無料で頒布することを制限しない。

② ソースコード

プログラムはソースコードを含んでいなければならず，ソースコードでの頒布は許可される。ソースコードはプログラマがプログラムを変更しやすい形態とする。

③ 派生ソフトウェア

ソフトウェアの変更と派生ソフトウェアの作成や，派生ソフトウェアを元のソフトウェア（原著作物）と同じライセンスの下で頒布できる。

④ 原作者のソースコードの一貫性保証

変更をパッチで頒布する場合に限り，ソフトウェアの一貫性を維持するためにソースコードの頒布を制限できる。

⑤ 個人や団体に対する差別の禁止

⑥ 利用する分野に対する差別の禁止

⑦ ライセンスの頒布

プログラムに付随する権利はそのプログラムが再頒布された者すべてに等しく認められる。

⑧ 特定製品でのみ有効なライセンスの禁止

⑨　他のソフトウェアを制限するライセンスの禁止
　　そのソフトウェアとともに頒布される他のソフトウェアに制限を設けない。
⑩　技術中立的でなければならない

　なお，参考までに OSS の代表例を表 1-3 に示している。カーネルの Linux，Web サーバーの Apache，Web ブラウザの Firefox などはよく知られたソフトウェアである。本書の事例で登場するのが，開発言語の Ruby，Ruby on Rails である。

### 表 1-3　主な OSS

|  |  | 代表例 |
|---|---|---|
| Linux ディストリビューション |  | Red Hat Enterprise Linux |
|  |  | Debian/GNU Linux |
|  |  | Ubuntu |
| データベース |  | MySQL |
|  |  | PostgreSQL |
| 開発言語 |  | GCC（GNU Compiler Collection） |
|  |  | PHP |
|  |  | Python |
|  |  | Ruby |
|  |  | Ruby on Rails |
|  |  | Java |
| サーバー | Web サーバー | Apache HTTP Server |
|  |  | NGINX |
|  | メールサーバー | Sendmail |
|  |  | Postfix |
| ファイルサーバー |  | Samba |
| Web ブラウザ |  | Firefox |
| オフィス製品 |  | LibreOffice |
| グラフィックス |  | GIMP |

出所：各種資料から抜粋して筆者作成

## 第 3 節　OSS コミュニティとビジネス

**OSS コミュニティ**

　オープンソースソフトウェア（OSS）の発展には，主に個人を中心とした民間の非営利団体であるコミュニティが関わっている。OSS コミュニティは開発者コミュニティとユーザーコミュニティに分かれて，役割を分担し合っている。

　開発者コミュニティは，OSS の開発，およびバグ修正のためのパッチ作成・頒布など運用や保守を行う人々から構成される国際的なコミュニティである。開発は Linux の開発を原型としていて，インターネット上に作業中のソースコード管理場所を持ち，Slack や Discord などのメッセージツールを使って相互にコミュニケーションをとる形で行われる。開発組織は自発的に参加した個人で構成され，そこには明示的な指揮命令系統はないのだが，所定の期間で開発するには開発への貢献に応じた階層的組織構造がとられる（青山，2002）。しかし，開発に貢献するにはハードルはかなり高いとみられている（野田・丹生，2009）。

　OSS はソースコードが公開されている分，脆弱性を見つけられて悪意のある者から攻撃を仕掛けられる可能性がある。しかし，OSS の開発に関わっている多数の関係者が，日々，脆弱性の発見とその修正に努めていて，すばやく修正版を公開することによってセキュリティを高めている（宮原・姉崎，2021）。

　一方，ユーザーコミュニティは，OSS を利用しているユーザーから構成されるコミュニティである。ソフトウェアに関して比較的高度な知識を持った人々である（青山，2002）。バグレポートを共有しバグを報告し合ったり，ユーザー会という形でセミナーやカンファレンスを開催したり，OSS の普及を促進したりする。また，関連するドキュメントを他言語に翻訳するといった活動も行う（丸野，2015）。開発にもコミットするような優れたユーザーコミュニティを獲得した OSS は，よいフィードバックが得られ，品質面などで

大きなアドバンテージを得やすい（青山，2002）。

## OSS のビジネスモデル

　OSS は原則無償で提供される。OSS を使う場合は，ソースコードをコンパイル（機械語に変換）してバイナリ（2 進法）を作成し，インストールするなど一連の作業が必要である。これを自分で行えば無償だが，有償で外部に頼むこともできる（宮原・姉崎，2021）。ソフトウェアのバージョンアップや設定変更の作業などのメンテナンス・保守についても同様である。つまり，ビジネスで捉えると，既存の OSS をベースにして技術サポートやバージョンアップ版を逐一提供するディストリビューションや維持管理のサービスで付加価値を得ることができる。

　この他にも，次のようなビジネスモデルが展開されている。

① OSS の開発コミュニティにおいて貢献する。共生モデル（竹田，2005）とも呼ばれる。自社が参加して開発したソースコードやパッチが当該の OSS で多く採用されれば，それを絡めたビジネスで優位に立てる。

② 自社開発したソフトウェアや，自社製品をサポートするソフトウェアをオープンソース化する。ただ，一部については高度な機能やサポートを有償で提供する。

　竹田（2005）は一体化モデルを提示している。つまり特定の用途に向けて，OSS を用いたシステムを開発する。それが複数のユーザーに利用されるならば，開発や保守に関わるユーザー側のコストを軽減できる。

　OSS の専門性に関しては，次のような指摘がある。特定ユーザー向けのソフトウェア開発では，パッケージ化された開発ツールを使ったり，あるいは OSS を使ったりする。手順が定型化された前者を使うほうが，簡単で，かつ開発に要する時間が短縮できる。一方，後者を使う場合は，ソースコードの変更ができ自由に改編が行えて開発の自由度が大きい。ただし，OSS に習熟した高い技能が必要で，業務の全体像を把握し，どのような活用の仕方があるかを考察できる能力やソースレベルで自由なプログラミングができることが求められる（神戸，2014）。さまざまな OSS が存在するが，それぞれの適性を見極めて活用できるならば付加価値を高められる。

　エンジニアは開発において，ただプログラミングができるというのではなく，顧客の生産現場，販売現場などの利用状況を十分に理解した上で適切なOSS を駆使して解決を図ることが期待されている。

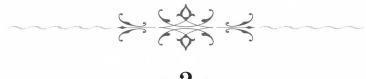

第2章

# セクターを越えてシェアされるシンボル
## ──センスメーキングの視点から──

# 第1節　は じ め に

　オープン・イノベーション（open innovation）に代表されるように経済活動において，昨今，企業と企業，企業と大学，企業と行政など組織間の連携やネットワーク化が重要視されている。言い換えれば，境界線をまたいだ協力関係をどのように築いて維持するのかが注目すべき課題の1つになっている。

　組織研究についてみると，現状，単一の組織を対象とした文献が数多く見られる。また，組織間の問題を扱う組織間関係論では，企業と企業の提携・連携といった二者の関係に焦点を当てた研究が中心になっている。つまり，多数の企業間や，大学，行政など他のセクターにまたがるような研究はまだ少なく，知見の蓄積が待たれる。

　たとえば，単一の組織を想定した中で秩序が自律的に形成される組織化や意味の共有に関する理論に，カール・ワイク（Karl E. Weick, 1995）が提唱した組織のセンスメーキング（sensemaking, 意味生成）がある。そのプロセスは，ある変化を手掛かりにしてフレーム（frame, 思考の枠組み）と結びつけて解釈を行い，その意味を組織の全員がシェアし合うというものである。意味をシンボル化すれば一層効果がある。この考え方は，単一の企業が組織変革を図る場合や危機を乗り越える局面で有効活用されてきた。企業，大学，行政など広域にまたがるプロジェクトを組成し推進する場合にも同様に有効な理論となるのであろうか。

　こうした視点に立って，本章では，組織の境界線をまたいだ解釈・意味の共有に求められる要素や条件を検討する。具体的には，組織をまたぐ場合に生じる課題を指摘し，それに必要なセンスメーキングと組織を越えてシェアするシンボルについて考察することを研究目的とする。

　本章の構成は次の通りである。第2節でセンスメーキング理論をレビューし，また，センスギビングの考え方について事例研究を踏まえながら理解する。第3節では組織をまたいだセンスメーキングとシンボルについて研究の論点を示す。第4節で組織をまたぐシンボルの仮説を提示する。第5節ではオー

プンソースソフトウェアに焦点を当てた松江市（島根県）の産学官による Ruby City MATSUE プロジェクトの事例を記述する。第6節で事例を分析し，仮説との関係や意義などについて考察を行う。最後の第7節では見出された発見事項を要約する。

## 第2節　センスメーキングとセンスギビング

### 2-1.　センスメーキング

　自己組織化は物理学，化学，生物学など分野を越えたテーマとなっているが，本来は，無秩序状態のシステムにおいて外部からの制御なしに秩序状態が自律的に形成されることを指している。経営学では環境の変化に対応して組織の変革を行う場合などに援用されている（北，2019）。

　組織研究においてワイク（Weick）は自然淘汰が行われる進化論の過程をひな型にして組織化のプロセスとしての進化モデルを提起した。そして，組織とはメンバーの実践によって形成される動的なプロセス，つまり組織化とみなすことを主張した。従来の組織研究は組織を固定的な客体として捉えていたが，そうした問題点を指摘し，視点の転換を図った（Sandberg & Tsoukas, 2015）。彼は，組織とは意識的な相互連結行動によって多義性（equivocality）を削減するための文法のようなものであると考えた（Weick, 1979）。多義性とはいくつかの意味があって1つの分類に収まり切らないことを指す。組織化は何らかの変化に気づいたメンバーがそれを囲い込み，環境を創造する。言わば切り取った事象の多義性を削減して意味を生成するのだが，そうした意味が保持されるプロセスとして示される（Sandberg & Tsoukas, 2015）。

　組織化が行える組織とは，各単位が自律的で相互に緩やかにつながっているルースリー・カップルド・システム（loosely coupled system）を持った組織をいう。こうした組織は高分化・低統合にともなう局地的適応ができ，また，下位システムが自律的であり，それぞれ別の下位環境に対処することによってシステムとしての多様性が保持できる。このため，新しい試みに挑戦でき，対立する環境部分には別の下位システムを通じて同時に対処できる（岸田，

2005)。

　その後，組織化はセンスメーキング（sensemaking）として，あるいはセンスメーキングを通じた組織化として提唱された（Weick, 1995）。センスメーキングは人々が多義的な状況に遭遇したときに，そうした環境から手掛かりを抽出し，もっともらしくそれを解釈することによって，進行する出来事を理解しようとする活動である（Maitlis & Christianson, 2014）。

　センスメーキングは，これまでの解釈の枠組みでは対処できず，新たな解釈の方法を創造しなければならない状況がきっかけとなる。対処できない要因として曖昧さと不確実性が挙げられる。曖昧さとは，現在の枠組みでは多様な解釈が可能となって混乱をきたしてしまう過去の出来事を指す。不確実性とは，現在の枠組みでは解釈ができない未来に起こり得る出来事を指す。人々はあまりに多くの解釈ができると混乱するし，未知のものにはどのような解釈も思いつかない。このため，センスメーキングに取り組むのである（Weick, 1995）。

　具体的な状況の例として，外部環境の変化にともなう組織の危機，組織アイデンティティの危機，計画された組織変革の3つが挙げられている（Maitlis & Christianson, 2014）。

### センスメーキングの概要

　ここからはセンスメーキング理論について，ワイクの主張をレビューしていこう。センスメーキングとは，能動的な主体が有意味で知覚可能な事象を構築すること，言わば「意味を生成すること」であり，「ある種のフレームの中に何か異なるものを置くこと」によって未知を構造化することである（Weick, 1995）。ここでいうフレームは，解釈を方向づける一般化された視点である準拠枠（frame of reference）と類似の概念である。何らかの変異がフレームの中に置かれると，人々はそれを理解し帰属させ予想することができる（Weick, 1995）。

　センスメーキングは「意味づけ」，「意味付与」とも訳されるように，人々が自らの経験に意味を見出す行為としても説明される（Klein, Moon & Hoffman, 2006a, 2006b）。言い換えると，正確性というよりも説得力のある魅力的なストーリー性を持たせて組織のメンバーや関係者を納得させることが重視される

（Weick, 2000）。たとえば，想定外の出来事や曖昧さ，不確実性の高い事象に対して納得を生み出すために，もっともらしい解釈や補足を付け加えることが行われる（関根，2021）。

　とりわけ，センスメーキングは目の前で発生した事象を，単純な因果関係や責任の帰属から説明しようとするプロセスや方法とは違う（Weick, 1995）。むしろ，複雑な事象を俯瞰して捉え，社会的なコンテクスト（文脈）の中で自分の立ち位置を見出すこと，そして，その事象が自らに及ぼす意味を理解し，次に何を行うべきかを考えることを容易にする（Weick, Sutcliffe & Obstfeld, 2005）。コンテクストとは一定の構造を生み出す背景を指す。組織的なセンスメーキングでは，事象の持つ多義性を減少させ，それに適用するルールを制度化する。それによって，組織のメンバーの行動が1つの方向を向くようになる（Weick *et al*, 2005）。

　曖昧さや混乱をともなうような状況や，未知のものに対してもっともらしさを探索するセンスメーキングでは，多義性の削減は特に重要である。

### 7つの特性

　センスメーキングは7つの特性を持っている。一般的なセンスメーキングは，①進行する事象の流れの中で，②しっくりこない何かがきっかけとなる。③何かに対して過去の経験を回顧しながら焦点を当て，④もっともらしい推測を立てる。組織的なセンスメーキングの場合は，これらに⑤回顧的プロセスの中で環境を創造するイナクトメント，⑥他者との接触によって底流に築かれたアイデンティティ，⑦社会的な認知を求める社会的接触の3つを加える（Weick, 1995）。イナクトメントは変化を囲い込み環境に変化をもたらす行為をいう。センスメーキングでは前述の特性を発揮するために，各特性ごとに必要な資源が選択的に利用される（Weick, 2000）。組織の中に利用可能な資源が多いほど，効果的なセンスメーキングが行われやすい。

### プロセス

　組織的なセンスメーキングはフレームのもとで手掛かりを抽出し，その手掛かりにもっともらしい推測を付け加えて意味を作り出していく主観的なプロセ

図2-1　センスメーキングの3段階のプロセス

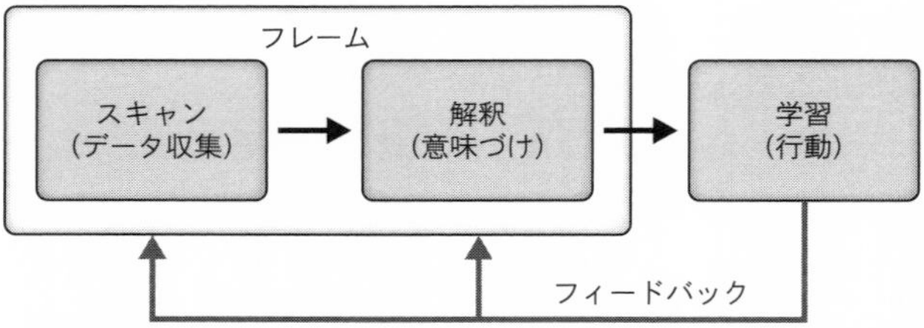

出所：Weick（2000）p.244 の図 10.1 をもとに加筆・修正

スである。図2-1で示すと，スキャン－解釈－学習の3段階からなる（Weick，2000）。組織のフレームのもとで収集したデータのスキャン（精査）によって見出した手掛かりに注目する。そして，手掛かりをもっともらしく解釈して意味づける。最後の学習の段階では行動を起こして環境に働きかけ，その結果，既知のパターンに当てはまらない新たなデータを得る。それを前段階のスキャンや解釈に戻すことによって，組織が新たに意味を生成し直し，行動を修正する（Weick，2000）。必要な資源を用いながらこのプロセスを繰り返すことにより，継続的にセンスメーキングが行える。組織が予期しない事象に直面しても，未知のデータの解釈・意味づけの修正を行っていくことができる。

### 重要な3要素

　ワイク（Weick，1995）は，センスメーキングを生み出す重要な要素として3つを挙げている。それらは，過去の経験の要約としての「フレーム」，現在の経験の特殊性を捉えている「手掛かり」，フレームと手掛かりを結びつけて解釈する「連結」である。抽象度の高いフレームの中に抽象度の低い手掛かりが置かれることによって新しい意味が生まれると考えている。フレームとは，「社会的な出来事に当てはめる主観的な意味を規定した組織の原則」（Goffman，1974）と定義される。組織が用いるフレームは組織におけるコンテクスト（文脈）であり，過去の経験のコンテクストの要約である。

　また，フレームと手掛かりを合わせてボキャブラリーと呼び，抽象度の高いフレームのボキャブラリーとして6つ例示している（Weick，1995）。それら

は，①イデオロギー（社会の側面），②仮定や定義からなる前提コントロール（組織の側面），③パラダイム（専門家の側面），④認知構造に相当する行為の理論（対処の側面），⑤伝統（先人の側面），⑥物語（連鎖と経験の側面）である。センスメーキングの一例を挙げれば，何が社会で正しいかを判断する「イデオロギー」の中にしっくりこない手掛かりが置かれることにより，新しい意味が生成される。

　センスメーキングにおいてフレームは，コンテクストの構造を要約したものとして，「何が手掛かりとして注目されるか」と「注目された手掛かりがどのように解釈されるかの連結」に影響を及ぼす（Weick, 1995）。センスメーキングする個人，または組織のこれまでに構造化されてきたコンテクストが意味生成の方向を決めるように，手掛かりとコンテクストは強く結びついている。

　連結における手掛かりの解釈は一般的な解釈とは違う。一般的な解釈は，すでに文脈として埋め込まれているものから受動的に読み取る行為である。たとえば，手掛かりが自分のフレームの中にすんなりと収まった場合は一般的な解釈に当たる。一方，フレームに収まらずにしっくりこない場合は，「それが何なのか」と，フレームに収めるためのプロセスが必要になる。そして，手掛かりを理解するために意味のあるラベルを貼りつける（Thomas, Clark & Gioia, 1993）。後者で示した能動的に意味を生成する行為がセンスメーキングでいう解釈としての連結である（Weick, 1995）。参考までに，一般的な解釈との違いについてワイク（Weick, 1995）は次のように説明している。

　　「解釈に関するほとんどの議論は，テクスト（本文）をどう読むかが焦点になっている。しかし，センスメーキングはテクストがどう読まれるかだけでなく，そのテクストがどのように構築されるのかということも問題にしている。センスメーキングは読むだけでなく創作でもある。」
　　「センスメーキングとは単に解釈だけや，発見だけではない。創作にも，創造にもかかわっている。」

## センスメーキングの課題
センスメーキングを通じた組織化のプロセスは，主体である組織メンバーが

客体としての事象の多義性を削減するモデルである。ワイクは先に組織があってそこでセンスメーキングが行われるのではなく，センスメーキングを介して組織が構築されると考えた。

　こうした組織化は，組織メンバー間の相互主観的な現象として扱われている。主体が多義性を削減するセンスメーキングそのものに意味があり，主体自身がその実践に強く関係づけられている（佐藤，2017）。相互主観性（inter-subjectivity）とは，現象学の創始者フッサール（Husserl）が提唱した概念で，複数の主観の間で共通に成り立つことを指す。組織メンバー一人一人はそれぞれ違う主観や見方を持っているが，それをシェアして，さらに大きな主観にして共通のものとする考え方である。

　しかし，ワイクのセンスメーキングには課題もある。センスメーキングを実践する主体である組織メンバーがどのような状況に置かれ，解釈の過程で相互にどのように関わり合うのか，組織を再定義する行為がどんな意味を持つのか，については十分に議論されていない（佐藤，2017）。

## 2－2．センスギビング

　前節では，センスメーキングについてやや詳しく論じてきた。ところで，意味生成のプロセスにおいて組織のリーダーは，どのようにして組織のメンバーの思考や行為に影響を与えるのだろうか。この点に注目して見出されたのがセンスギビングの概念である。センスギビングとは，他者のセンスメーキングに影響を与える行為を目的としたプロセスを指している。本節ではセンスギビングの特徴について，組織変革の事例研究を交えながら整理していく。

　ジョイアら（Gioia & Chittipeddi, 1991）は公立大学の組織変革の始動段階の事例を分析している。概要は次の通りである。ある公立大学に就任した新学長は組織を変革しようと，「トップ10の公立大学になる」と表現したビジョンを掲げ，将来像を提示した。これが想起段階のセンスメーキングであった。一方で，表現の曖昧さやめざす姿の不確実性を意図的にともなっていたために，変革を推進するタスクフォースを設けて大学関係者に対話と意味生成を促し彼らのセンスメーキングに影響を及ぼした。その後，学長自身も関係者からのフィードバックを得て手直ししている。

　大学関係者は対話や意味生成を通してビジョンに対する認識を深め，また，新たな解釈やアイデアを加えながら，行動上の判断基準を明確化していった。ビジョンは関係者同士のコミュニケーションだけでなく学長と関係者間のコミュニケーションの触媒となり，最終的に関係者の意識や行動の変革の動因となった。変革ビジョンの意味生成では，学長自身も想定しなかったプロセスによって全員を巻き込み，曖昧でない実質的な将来像を作り上げた。学長と関係者双方の意味生成を促したのはビジョンそのものであった。

　ジョイアら（Gioia & Chittipeddi, 1991）は，センスメーキングとセンスギビングの概念について，前述の組織変革事例の文脈に当てはめて次のように定義している。センスメーキングは，「変革の枠組みを明瞭にして具体化させるための意味の生成，再生成である。その結果，関係者が変革の本質を理解する。」ことを指す。センスギビングは，「変革の目的に対して，現実の組織を選択的に再定義するために，意図的に関係者のセンスメーキングを行う。つまり，他者のセンスメーキングに影響を及ぼす。」ことをいう。そして，意味生成のプロセスを想起，伝達，修正，活性化の4つのフェーズに分けてそれぞれを説明している。

**図 2-2　センスメーキングとセンスギビングの影響プロセス**

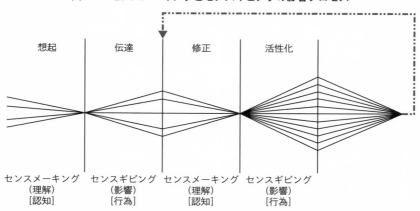

注）図の点線で示したフィードバック・ループは，関係者側のセンスギビング活動が，リーダーから伝達されたビジョンに対して修正を行うことを表している。

出所：Gioia & Chittipeddi（1991）p.444 の図3をもとに作成

　図2-2に沿って説明すると，1つ目は想起フェーズである。ここではリーダーによるセンスメーキングが行われる。リーダーが指針的ビジョンを打ち出すことにより新しい状況に対する意味づけを探し求める。

　2つ目は伝達フェーズである。これはリーダーによるセンスギビングである。組織の関係者に新たなビジョンを伝えようとする。

　3つ目は修正フェーズである。ここでは関係者側によるセンスメーキングが行われる。提示されたビジョンの意味を理解し，自身の理解を修正しようとする。

　4つ目は活性化フェーズである。これは関係者側によるセンスギビングである。ビジョンに反応し，関係する他の個々人に影響を与えようとする。たとえば，管理職が変革を実行する部下に対してセンスギビングを行う。このフェーズでは，ビジョンを行動に移す組織的なコミュニケーションとコミットメントが行われる。

　4つのフェーズには，センスメーキングとセンスギビングの漸進的反復のパターンが描かれている。想起フェーズと修正フェーズは，リーダーとメンバーである関係者側がセンスメーキングしようとする認知のプロセスである。また，伝達フェーズと活性化フェーズは，リーダーが関係者側に対して，または，関係者側が関係する他の個々人に対してセンスギビングを行う行動のプロセスである（大森，2017）。センスメーキングで意味が収束し，センスギビングで意味が深掘りされ増幅される。このように，意味生成は認知と行為のプロセスから構成されていると考えられる。組織変革の始動段階では，センスメーキングとセンスギビングが交互に行われてリーダーとメンバーのコミュニケーションが促進される状況が見出せる。

　また，事例分析から変革のシンボルとして次の3つが挙げられる。①「トップ10の公立大学になる」という魅力的なメッセージを込めたビジョンの提示，②新学長の就任，③変革を推進するタスクフォースの設置，である。とりわけ，メッセージは広く行き渡り，思考や行動に対してビジョンを満たしているかどうかの判断の枠組みを提供した。また，それは学長自身が想像していた以上に強い力を持って，関係者を導く代表的なシンボルとして機能した（Gioia & Chittipeddi，1991）。

　組織変革の始動段階で示唆される点として以下の 2 つが指摘されている（Gioia & Chittipeddi, 1991）。1 つ目は，センスメーキング（意味生成）とセンスギビング（意味提供）が変革に動き出すプロセスに大きな影響を与える。そのため，意味を生成する認知のプロセスと他者のセンスメーキングに影響を及ぼす行為のプロセスを組み合せられるかどうかが重要になる。2 つ目は，変革のシンボルの存在は関係者の解釈の枠組みを変える基盤となる。よって，いかに広く行き渡るシンボルを提供できるかどうかが大事になる。

　なお，今回，取り上げた組織変革事例に関しては，手掛かりや解釈の基礎となるフレームは何を指しているのか，フレームとシンボルとの関係が十分に説明されていない（井上，2014）といった問題を含んでいる点を付記しておく。

## 第 3 節　組織をまたいだセンスメーキングとシンボル

　変革や革新をめざす場合は，それを始動させる前にフレームを用いて意味生成が行われる。企業では組織内の合意，地域では組織間・セクター間で合意が形成される。それぞれのフレームのもとで何らかの変化，新たな動きといった手掛かりに注目し，それに意味を与えシンボル化させる。それによって，関係者の理解を容易にして行動へとつなげていく。

　第 2 節ではセンスメーキングで重要なフレームと手掛かり，それらを結びつける連結，センスギビングを通じて組織内の相互作用を促したシンボルの存在を指摘した。いずれも単一の組織を前提にした議論であった点に注意しなければならない。

　本節では，企業間，セクター間など組織をまたいだ広域でセンスメーキングを行う場合に必要とされる視点，考慮されるべきシンボルについて検討する。

### 3 - 1.　組織をまたぐ場合の課題
#### 集団の対立
　集団をまたぐという点から内集団と外集団の集団間の態度に注目すると，両者は対立しやすい。それは現実的な利害の衝突によるためであると説明されて

いる（Sherif, Harvey, White, Hood, & Sherif, 1961）。両者は競争的な相互依存
関係のもとに置かれると，それぞれ外集団に対する敵意や嫌悪感情が起こる。
それが偏見や差別を生み出すことになる。内集団と外集団のそれぞれに集団ア
イデンティティが存在することによって，両者の間に対立が生じやすくなるの
である。

### 組織間のパワー不均衡

　組織間関係論は，最初，資源の稀少性を前提として提起された。通常，必要
な経営資源の調達は制約されているため，組織の相互作用や共同の考え方が注
目された。その後，レービンら（Levine & White, 1961）は，組織間関係の形
成・維持における交換の重要性を指摘する。そして，いくつかの有効なパース
ペクティブ（見方）やモデルが提示されてきた。
　この中の代表的なものはフェファーら（Pfeffer & Salancik, 1978）の提示し
た資源依存パースペクティブである。彼らは，組織が存続し続けるためには，
外部から諸資源を調達し活用しなければならない。そのため，組織は自己充足
的な存在ではなく，外部に対して開かれたオープンシステムであるべきで，外
部とのつながり無くして存続できないことを主張した。また，組織間のパワー
バランスは，一方的な依存，あるいは相互の依存など資源依存の程度によって
影響を受けるのだが，こうした依存への対処や組織間関係の維持に関するマネ
ジメントにも言及した。
　資源依存パースペクティブは，個別の組織の観点から組織間関係を取り扱っ
ている点，組織間態度として利己的である点に特徴がある（亀倉・栗本,
2019）。

### 対立，不均衡の解消

　それでは，集団間の対立を解消することができるのだろうか。筆者（北,
2021）は再カテゴリー化（re-categorization）に注目した先行研究を以下に整
理している。再カテゴリー化は，互いの差異を認めた上で，同じ共同体や社会
に属しているという一体感を育てることをいう。このため，集団間に偏見が
高じる場合は，再カテゴリー化を試みると協力関係が築きやすくなる。具体

的には，共通内集団の形成である。再カテゴリー化によって共通内集団アイデンティティ（common ingroup identity）を形成すれば偏見が低減する（Gaertner, Dovidio, & Samuel, 2000）。共通内集団として同一視する場合は，たとえ自集団の同一視が行われていたとしても集団間の偏見は低くなる（González & Brown, 2003）。

　集団間の偏見が低減する理由は次のように説明される。共通内集団アイデンティティを持つということは，以前は外集団であったメンバーを新しい内集団のメンバーとして再カテゴリー化することである。内集団の利益や地位を維持するためには，以前の外集団メンバーを含めた新しい内集団へのアイデンティティを高めなければならない。その結果として，集団間の偏見が低減する（岡本，2007）。集団間にネガティブな評価がある場合でも，共通内集団アイデンティティが形成されると，元の外集団メンバーを内集団メンバーの一部として見なすようになる。そのことが彼らに対する態度を好意的に変えて偏見を低減させる（Gaertner, Dovidio, Anastasio, Bachman & Rust, 1993）。

　2つの集団間について個別のアイデンティティが高いが激しく対立するような状況でない場合は，それぞれの集団は互いに同列上にあり，共通内集団の中の下位集団の1つとして位置づけられやすい。そうすると，両方の集団内に好意的な態度が形成される。たとえば，異なる国に設立されていた複数の法人が，国境を越えて新たな連合体を組織するような場合は，共通内集団アイデンティティが機能しやすい可能性がある。新組織としてのアイデンティティを形成する際に，元の組織のアイデンティティを放棄する必要はないし，当初は外集団であった他国の法人に対して，ネガティブに評価することは少ない（池田・唐沢・工藤・村本，2010）。

　組織間のパワー不均衡に対してはどうなのだろうか。組織間関係論では，協同戦略（collective strategy）パースペクティブがアストレーら（Astley & Fombrun, 1983）によって提唱されている。これは組織間協同目標の追求に注目して，組織の集合体における協調行動に焦点を当てている。

　前述した資源依存パースペクティブで強調されるパワーや支配の関係ではなく，組織間で互いに相互依存しながら，交渉，妥協を通じて，組織間の協力・共生を図っていく側面を重視している。協力・共生を基礎に，異なる利害と価

値を持つ組織がどのようにして社会的に合意を形成していくのかに関する視角である（山倉，1993）。

　具体的には，同種か異種か，直接か間接かという組織間相互依存のあり方に応じて多様な組織間協同行動を分類している。同盟型は情報の流れ，集積型は人の流れ，接合型は仕事の流れ，有機型は影響力の流れを通じてつながり，それぞれ協同が行われる（Astley & Fombrun, 1983）。協同戦略パースペクティブは，複数の組織からなる組織の集合体・協同体としての行動や戦略を取り扱っている点，利他的に相手に歩み寄ろうと協調行動をとる点に特徴がある（亀倉・栗本，2019）。

## 3－2．必要とされる解釈とシンボル

　すでに第2節でシンボルに言及したが，複数の組織にまたがるセンスメーキングにおいてシンボルをどのように捉えるべきなのか，この点を検討する。

### シンボルの性質・特性

　人々は新しい経験や概念を理解しようとするとき，それに意味を与える。その意味はしばしば象徴的，または隠喩的な表現手段である記号を通して効果的に認識される（Chen & Meindl, 1991）。記号は行為者の主観的な意味が付与されやすい。記号に3つの種類があるが，パース（Peirce, 1972）は対象（実在するもの）と記号の関係を基準にして，類似記号のイコン，指標記号のインデックス，象徴記号のシンボルに分類している。

　この中のシンボルは精神，心的要素の結合，解釈思想という解釈項の媒介によって，対象と関係づけられている。解釈項とは，多少なりとも明確化された記号の意味や効果をいう。シンボルを考える際は，シンボルと対象，解釈項の要素を考慮する必要がある。対象との関係ではシンボルは何を表現しているのか，解釈項の関係ではシンボルの表現をどのように解釈するのかに着目する。こうしてシンボルの及ぼす意味作用が形成される（宇波，1997）。

　意味は，シンボルに表現された行為者の価値観（意図，目的，動機など），パラダイムである基本仮定，知識などといった意識内容を指す。シンボルを使用すること，行使すること，表現することはシンボリックな行為（シンボリズ

ム）と呼ばれる（坂下，2002）。シンボルには，物語，神話，伝説，スローガン，ジョークなどの言語的シンボル，儀礼，儀式，行動パターンなどの行為的シンボル，ステータス製品や事業，ロゴ，社章などの物質的シンボルの 3 種類がある（Dandridge, Mitroff & Joyce, 1980）。また，3 種類のシンボルは意味の範囲も一定ではなく，状況に応じて変わる。拡散したものから凝縮したもの，曖昧なものから正確なもの，単義的なものから多義的なもの，さまざまな種類がある（Rowntree & Conkey, 1980）。

　シンボルに託された複合性，多義性は一般的な記号とは違う。シンボルは，複雑な意味を特定の対象や行動の中に圧縮する力を持っている（Rowntree & Conkey, 1980）。そのため，意味が濃縮されたシンボルを解釈する場合は，解釈する人物や場の文脈に応じて意味が異なる（杉浦，1992）。なお，シンボルは意味論的に開放されていて，それには 2 つの側面がある。1 つは古いシンボルに新しい意味を持ち寄り付加できる点，もう 1 つは公的な意味に個人的な意味を追加できる点である（Turner, 1975）。

### シンボルとセンスメーキングの関係

　シンボル，特に言語的シンボルは，センスメーキングのプロセスの基本である（Morgan, 1986）。そのため，本章のセンスメーキングで扱うシンボルは，組織変革において変革ビジョンなどと表現されるメッセージと同様のものと捉える。前述したようにシンボルは，解釈項の媒介によって対象と関係づけられる。センスメーキングでは，手掛かりがフレームのもとで関係づけられて解釈される。

　センスメーキングが上手く行われるかどうかは，その生成プロセスが連続性を適度に保っているかどうかによって決まる。連続性の余地をいくらか残している場合は，もっともらしさを感じさせ，正確にプロセスが表現されたものになる。解釈する際は，表 2-1 で示すように，過去（フレームに相当），現在（手掛かりに相当）だけでなく，それらを結びつける未来の予期（連結に相当）へと連続させる必要がある（Weick, 1995）。この点から言えば，シンボルは古いシンボルに新しい意味が付加できる開放的な特徴を持つため，センスメーキングに適応しやすいと考えられる。

表2-1　センスメーキングの3要素と連続性の関係

| 3要素 | 連続性 |
|---|---|
| フレーム | 過去の経験 |
| 手掛かり | 現在の経験 |
| 連　結 | 未来の予期の具現 |

出所：Weick（1995）の主張をもとに作成

　したがって，センスメーキングによって生み出されるシンボルは，過去の経験，現在の経験，未来の予期の具現に橋を架け，それぞれが連鎖するような意味づけであることが重要である（Gioia, Thomas, Clark & Chittipeddi, 1994）。

　それは，人々が慣れ親しんだものと見知らぬものの間に橋を架け，継続する感覚を持たせると同時に変化を促そうとすることを示唆する（Pondy, Frost, Morgan & Dandridge, 1983）。既存の思考や行動のパターンに何らかの変化を起こすことを求めるとき，たとえば，変革ビジョンで提示するシンボルには，それまでの理解や経験に関連した方法も含めた中で意味を持たせなければならない（Bartunek, 1984；Gioia, 1986；Louis, 1980）。

　第2節の伝統に縛られた公立大学の組織変革事例では，「トップ10の公立大学になる」と表現したシンボルの多義性が関係者の活発なセンスメーキングとセンスギビングを生んでいる。腑に落ちるまで他者のセンスメーキングに影響を与える行為のセンスギビングが行われることによって，学長と関係者間の相互的なコミュニケーションが促進された。

　センスメーキングには，純粋な認知的解釈のプロセスだけでなく，行動と結びついた解釈も含まれる（Thomas, Clark & Gioia, 1993；Weick, 1979）。この点に注目すれば，多義性を持ったシンボルは組織内の相互作用を促し，単なる解釈だけではなく行動や結果を志向した解釈を可能にする。意味の理解と認知が原動力となって関係者の行動を促す。つまり，シンボルは関係者の認識の根拠となり，行動の判断基準ともなる（Gioia *et al.*, 1994）。

　シンボルについて，ファース（Firth）は次のように述べている。「人々はシンボルを活用することによって，複雑な現実を単純化し，想像力を喚起して，社会的な相互作用や協力関係を促進する。シンボルは表現，コミュニケーション，知識，社会的・政治的なパワーを制御するための道具である。」（Firth,

1973）。他にも，シンボルは情報の流れを制御する調整メカニズムである
（Rowntree & Conkey, 1980）とされる。

　シンボルは，通常，表現的な役割を担うものとして取り上げられ，行動とは
あまり関係がないとみられてきた。しかし，コミュニケーションの触媒となっ
て認知的な理解と意図された行動の両方に影響を及ぼす可能性が示唆されてき
ている。このため，シンボルは実体的，道具的な役割も併せ持っていると考え
られる。

### 3－3.　組織をまたいだ解釈とシンボル
#### 再カテゴリー化の解釈
　集団間・組織間の対立やパワー不均衡を解消するには共通内集団アイデン
ティティを形成するための再カテゴリー化の解釈が必要とされる。互いの差異
を認めた上で同じ共同体や社会に属しているという一体感を育てるのが再カテ
ゴリー化である（池田ほか，2010）。具体的には，個々の状況や文脈に応じて
決定されるであろうが，普遍的な要素として公正・公平，協力・共生が意識さ
れる必要がある。

　対立やパワー不均衡の解消は，1つには，信頼の観点から捉えることができ
る。この信頼と強く結びついているのが社会的公正理論である。筆者（北，
2014, 2022）は次のように既存研究のレビューを行っている。公正とは人々が
自分にふさわしいものを受け取っている状態であり，対人行動が適切かどうか
を評価する1つの基準である（遠藤，2009）。また，ある行為や決定を社会的
に正統化する根拠となる価値であり，信頼を形成する要素の一部である
（Ring & Van de Ven, 1994）。

　公正理論は，適正さや公正の主観的判断に注目して，人々の公正に対する考
え方や知覚の仕方に焦点を当てている（Tyler, Boeckmann, Smith, & Huo,
1997）。この理論でいう公正は，簡略な決定方略であるヒューリスティックス
（heuristics）であり，不確実性を解決する1つの考え方である（Lind & Van
den Bos, 2002）。公正は相手を信頼できるかどうか，自分はどういった状況に
置かれているかの判断に役立つヒューリスティックスであるため，状況はどれ
くらい公正であるかに注目している（Lind, 2001）。ヒューリスティック処理

は，相対的に迅速，簡便，表層的で，トップダウン的な処理である。カテゴリー化，ステレオタイプなど単純な手掛かりに頼った処理で，自動的過程処理とも呼ばれる。したがって，公正は人の認知，感情を判断するツールとして理解することができる。たとえば，手続的公正（procedural justice）の場合でいえば，評価も含めたさまざまな意思決定の手続きが公正・公平であったと感じることを意味する。

　もう1つは，協同戦略パースペクティブの活用である。協同戦略パースペクティブは，企業，行政，地域などが互いに各組織における利害を越えて，目的の異なったつながりを支持する視角である。共通の理念を持った組織体を理想としている。たとえば，アストレーら（Astley & Fombrun, 1983）が分類した有機型の場合は，組織と組織の間は人，もの，金を媒介とした関係に限られる訳ではなく，信頼関係や共通の価値観によっても結びついている。組織間関係論の協同戦略パースペクティブは，資源の依存によるパワーの不均衡を生むのではなく，組織間の協力・共生を図るという利他的な概念を重視している。

　そうした利他的行動について，高橋・山岸（1996）は特定の社会関係の中で果たす役割を分析している。その中で，個人対個人の関係という特定の社会的状況のもとでは，利他的に行動することが本人にとって有利な結果をもたらす可能性のあることを明らかにしている。具体的な内容は次に示す。「集団メンバーが利他的に行動する相手を選択する際に，その相手が過去に少なくとも自分と同じくらい利他的に振る舞ってきた人間であるかどうかを決定基準として用いている。その場合には，より多くの他者に対して利他的に振る舞うメンバーのほうが，そうでないメンバーよりも，結局は大きな利益を得ることができる。」（高橋・山岸，1996）。

　複数の組織にまたがってセンスメーキングを行う場合は，組織間関係を個別組織の観点から取り扱うのではなく，複数の組織からなる組織の集合体として捉えることが適切である。そのために再カテゴリー化を行うのだが，そこでは公正・公平，協力・共生の概念を含めて解釈される必要がある。公正・公平は認知のレベルで，協力・共生は行動のレベルで関係者に影響を与えると考えられる。

**組織をまたいだシンボル**

　これまでに得られた知見を整理し，組織をまたいだシンボルに必要とされる
要素を検討する。まず，センスメーキングを行う場合の重要な要素として，過
去の経験の要約としての「フレーム」，現在の経験の特殊性を捉えている「手
掛かり」，フレームと手掛かりを結びつけて解釈する「連結」が挙げられる。
フレームに関しては，①イデオロギー（社会の側面），②仮定や定義からなる
前提コントロール（組織の側面），③パラダイム（専門家の側面），④認知構造
に相当する行為の理論（対処の側面），⑤伝統（先人の側面），⑥物語（連鎖と
経験の側面）の6つのボキャブラリーの例示がある。自分のフレームに収まら
ずに，しっくりこないものは，フレームに収めるために解釈を行うが，これが
連結と呼ばれている。それは創作であり創造である。センスメーキングが持っ
ている7つの特性の中ではもっともらしい推測や環境を創造するイナクトメン
トに当たる。

　シンボルはセンスメーキングによって多義性を減らし，もっともらしさを感
じさせるために連続性を意識して解釈される。つまり，過去の経験，現在の経
験，未来の予期の具現に橋を架け，それぞれが連鎖するような意味づけである
ことが重要である。また，センスメーキングとセンスギビングを交互に行うこ
とによってコミュニケーションが促進され解釈がシェアされるが，多義性を持
つシンボルであっても，そうした交互作用を促進させれば，行動や結果を志向
した解釈が可能になる。

　組織をまたいだセンスメーキングでは，集団間・組織間の対立やパワー不均
衡を避けるために再カテゴリー化が行われる。信頼や利他的な概念が優先され
るべきことから，シンボルは公正・公平，協力・共生を映し出すように意味づ
けられることが望ましい。公正・公平は認知のレベルで，協力・共生は意図さ
れた行動のレベルで関係者に影響を与えることになる。すなわち，単一組織の
センスメーキングにおいて必要とされる基本的要素に加え，組織をまたぐ場合
の要素を含めることによって効果的な表現となり，解釈がシェアされやすい。

　知識について，礒田・原田（1999）は意味と手続きの2つに分けて捉えてい
る。意味の場合は概念的知識に当たり，……は———であると表せる内容で，
定義や性質，推論などが該当すると述べている。形式知である概念的知識は問

題解決を図ろうとする場合の追加的情報として機能する（Jong & Ferguson-Hessler, 1996）とされる。

　シンボルは複雑な意味が濃縮されたものであるが，センスメーキングやセンスギビングを通じて意味づけを行えば，多義性を減少させて1つの意味方向を指し示す概念的知識に近づくとみられる。


# 第4節　シンボル仮説の提示


　前節で企業，大学，行政など広域にまたがるプロジェクトを組成し推進する場合のセンスメーキングに求められる要素や条件を検討してきた。本節では，それらを踏まえながら，セクターを越えてシェアされるシンボルに関する仮説を提示する。

　センスメーキングとセンスギビングのプロセスを意識しながら，認知と行動に分けてシンボルを考える。まず，認知の観点からいえば，単一組織のセンスメーキングで必要とされる要素や条件に加えて公正・公平の要素を強調することが重要になる。次に，行動の観点からいえば，他者のセンスメーキングに影響を及ぼす行為を引き出すような協力・共生の要素を含むことが望まれる。シンボルには多義性がともなうが，センスメーキングとセンスギビングを通じればそれを削減し協調行動を促すことが期待される。

　これらの点を踏まえて仮説1，仮説2を示す。


## 【仮説1】

　組織をまたぐプロジェクトでは，認知レベルにおいて，共通性を映し出すシンボルが必要である。シンボルは，センスメーキングを通じて過去の経験，現在の経験，未来の予期の具現を連鎖させて意味づけるだけでなく，公正・公平の点からも解釈できることが重要である。


## 【仮説2】

　組織をまたぐプロジェクトでは，行動レベルから見て，複数の組織が1つの

集合体として機能するための工夫を意識する必要がある。シンボルに協力・共生の観点を加えて意味づけると，センスギビングを通じて協調行動が促される。

　ところで，組織をまたぐ観点から組織間連結についていえば，境界連結単位と呼ばれる存在が重要視されている。実際，企業間を橋渡しする組織や個人が境界連結単位として配置されて，橋渡し組織（bridging organization），あるいは，境界連結担当者，ゲートキーパー，調整役，連結ピン，マージナル・マンなどの名称で呼ばれている。境界連結単位は，自らの組織に属しながら他の組織と対等に接触できる位置にある。このため，自組織の情報を他組織の情報と交換することができる。また，組織間の協力関係の形成，コンフリクトの調整など仲介の役割を果たす。

　たとえば，橋渡し組織の概念に関して，次の4つの機能が指摘されている。1つ目は，関係者が互いに面と向かい合う場を提供し，さらに関係者を巻き込んでいく招集機能（convening function）である。2つ目は，接触する関係者がそれぞれ保有する情報を理解し合い，利用できる資源を確認し合う解釈機能（translation function）である。3つ目は，関係者間で率直な対話を行うことによって協働を促す協働機能（collaboration function）である。4つ目は，各関係者の損得を明らかにして関係者間の利害を調整する媒介機能（mediation function）である（Tribbia & Moser, 2008；Franks, 2010）。

　仮説1と仮説2で意味づけられたシンボルは，認知レベルで解釈活動を促進し，行動レベルで協力・共生に影響を与える。この両者を組み合わせると，シンボルは公平性，協調性の側面から境界連結を手助けする働きが期待できる。こうした点を踏まえて仮説3を示す。

## 【仮説3】

　組織をまたいで意味づけられたシンボルは，組織間の認知や行動に影響を与え，これまでゲートキーパー，橋渡しなどのように人や組織に注目して語られてきた境界連結の役割を手助けする道具となる。

# 第5節 事例の記述

松江市（島根県）の Ruby City MATSUE プロジェクト―草創・始動段階
（2005 年～2007 年）―について記述する。

## 5－1. プロジェクト始動前

松江市は観光業を柱として産業を形成してきた。一方、市の商工課（当時）
では、観光業以外での産業振興の可能性を模索していた。2005 年 6 月、新た
に課長に就いた田中哲也氏は、「地方は地理的・予算的に不利、そんな地方の
大企業誘致に頼った産業振興施策は限界に来ている」と痛感していた。限られ
た予算の中で振興を図るには、地元に埋没する資源を活用する以外にないと考
えた。早速、市内の企業を訪ねて有望な資源の発掘に努めた[1]。

田中氏は、日頃からコンピュータ雑誌を目にしていたが、ふと、過去に読ん
だ記事「日本の Linux のふるさと」を思い出した。そこで、市内にある（株）
ネットワーク応用通信研究所の井上浩社長を訪ねた。松江のオープンソースソ
フトウェア（OSS）の歴史、日本医師会から請け負った Linux（OSS のカーネ
ル）を利用したレセプトシステムの開発実績、さらに、県外から松江に移って
OSS のプログラミング言語 Ruby の業務に携わっている研究員、プログラマ
の人々に関する話しを聞いた。田中氏は、Ruby の開発者である「まつもとゆ
きひろ氏」が松江市に在住して同社に所属していることは雑誌記事で知ってい
たが、Web アプリケーション開発フレームワークの Ruby on Rails の公開が引
き金となって Ruby が世界的規模で利用される可能性のあることを初めて知っ
た[2]。

---

1 深見嘉明（2007）「オープンソースで町おこし―松江市の Ruby City MATSUE プロジェク
　ト―」『日経デジタルコア』2007 年 11 月 8 日。
2 田中哲也氏（元松江市役所・当時の商工課長）へインタビュー実施（2022 年 5 月 12 日）、
　田中利彦（2012）「ソフトウェア産業による地域経済活性化」『産業経営研究』31、1-26。

## オープンソースソフトウェアの土壌

松江市とまつもと氏の所属する（株）ネットワーク応用通信研究所は，オープンソースソフトウェア（OSS）と関わりが深い。1996年，日本のLinuxユーザーのコミュニティである日本Linux協会のWebサイトの最初のサーバーが，松江市に在住していた生越昌己氏によって国内で初めて立ち上げられた。そのため，松江は日本のLinuxのふるさととも呼ばれる。当初，ユーザー個人によって維持・管理されていたサーバーであったが，Linuxの普及とともに個人の運用に限界が生じた。そこで，サーバーの維持・管理の受け皿として法人が設立された。その法人が現在の（株）ネットワーク応用通信研究所の前身に当たる。同社はOSSの技術基盤を強化するために，プログラミング言語Ruby開発専従の研究員のポストを用意してまつもとゆきひろ氏を招へいした[3]。

まつもと氏は松江に移り住む以前の1993年からRubyの設計に取り組み，1995年に無償で使えるOSSとして公開した。その後，Rubyはネット上のOSSの開発者コミュニティの有志によって育てられ発展していった。2000年には英語の解説書が出版されて，世界中のプログラマの間で知られるようになった[4]。

Rubyは日本発のOSSのプログラミング言語である。世界の主要言語のうち日本で生まれた言語はRubyだけである。記述量が少なくて済み，文法が英語に近く，人間のイメージを表現しやすい。効率よく作業ができる生産性の高さに特徴がある。2004年にWeb 2.0の潮流の中で，Webアプリケーション開発フレームワークのRuby on Railsがデンマーク人のプログラマによってリリースされた。それをきっかけに，Rubyは世界的に注目を集めるようになった。RubyはTwitterに採用され，サービスを迅速に立ち上げるにはRubyが最も適していると評価された[5]。Web 2.0とは普及期のWebになかった新しい技術や仕組みに基づいたWebを指す。

日本ではRubyは2006年頃から注目され始めた。2007年に（株）カカクコ

---

3　前掲の深見（2007）。
4　前掲の田中（2012）。
5　前掲の田中（2012）。

ムの飲食店のクチコミ情報サイト「食べログ」がRubyを利用したWebサービスへリニューアルした。大規模なサイトで全面Rubyに書き換えたのは国内で最初であった[6]。その後，RubyはJava言語を実装したJRuby，組み込みシステム向けのmrubyなど実装が展開されていった。

### オープンソースソフトウェア（OSS）

　オープンソースソフトウェアはOSI（open source initiative）によって，ソースコードの公開，再頒布の自由，個人・団体は差別されない，使用分野は差別されないなどと定義されている。特徴としては，モジュールは独立性が高く，分散したボランティア組織で並行して開発ができる。開発では最初の開発者やコアコミッター（ソースコードを更新できる権限を持つ人）以外に，一般のエンジニアやユーザーが誰でも自発的に参画でき，価値の共有や一体感が図れるコミュニティが形成されやすい[7]。

　開発者コミュニティでは明確な作業分担が行われない代わりに豊富な開発要員のために，同一部分を複数で並行開発し，その成果の中からよいものを選択するという冗長性の高い開発が可能である。結果として高品質のソフトウェアが開発される仕組みになっている[8]。

　ソースコードを公開するOSSは，誰でも自由に利用でき，ソースコードを読むことによってソフトウェアの内容を学習できる。また，必要に応じて自由に修正・変更を行い再頒布することもできる。通常，ソフトウェアは民間企業が所有し，排他的に利用されることが多いが，OSSは，誰もが自由に利用できる共有資源であり，公共財である[9]。

　OSSは，システム開発の固定費を抑えられて，特定のソフトウェアをインストールしたことにより後で身動きがとれなくなるといった保守運用コストをも削減する。ソースを公開するためコードの信頼性が高く，メンテナンスの期

---

6　(株)カカクコムのプレスリリース（2007年10月22日）参照。
7　青山幹雄（2002）「オープンソースソフトウェアの現状」『情報処理』43（12），1319-1324。
8　竹田昌弘（2005）「オープンソースソフトウェアとビジネスとの関係に関する考察」『立命館経営学』44（3），49-66。
9　前掲の竹田（2005）。

間制限がない。また，脆弱性対策やバグ修正，機能追加・拡張などに対応する
ために，世界中の多くの開発者が参加するコミュニティや開発元で改善が図ら
れている[10]。

　（株）ネットワーク応用通信研究所では，日本医師会から請け負って，日医標
準レセプトソフトを開発し公開してきた（2019 年に他社へ譲渡）。開発したソ
フトウェアは OSS として無料で公開するが，その改訂や維持管理は有料で請
け負っていた。ソフトウェアはオープンだが，そのノウハウは開発した会社が
一番よく知っているので維持管理がビジネスになる[11]。

　OSS の知識や活用能力（リテラシー）を地方や中小のベンダー（システム
開発会社）あるいはユーザーが習得すれば，市場全体，さらには社会全体のメ
リットになる。ベンダーに関して言えば，たとえば，首都圏の大手ベンダーに
システム開発を発注すると，大手ベンダーはコスト削減のために川下の業務を
地方などの下請けに外注する例が多い。しかも，ソースコードを公開しないソ
フトウェアによって下請けを縛っている。このため，地方のベンダーが OSS
の Ruby などのノウハウを強みにした自主技術を持つことの意義は大きい。自
治体がシステム発注の入札を行うときでも，そうした技術を持った地元のベン
ダーの場合は元請け（直接受注）できる可能性がある[12]。

### プロジェクト化に向けて

　産業振興を模索する市の田中氏は地元の資源の中から「松江は日本の Linux
のふるさと，松江に在住する Ruby の開発者が今，世界的に注目されている」
という大きな手掛かりを得た。そして，次のように考えた。

　　OSS のプログラミング言語を活用したビジネスを 1 つの企業だけが取
　り組むのではなく，地場の企業が全体で取り組む。そうすることにより，

---

10　レッドハット社の Web サイト「オープンソースソフトウェア」
　　https://www.redhat.com/ja/about/open-source（閲覧日 2022 年 4 月 14 日）。
11　高橋信頼（2006a）「オンリーワンが人の心に火をつける」『日経 XTECH』2006 年 11 月 21 日。
12　林信行（2015）「プログラミング教育で地域創生，官民学が連携して地域人材を育成する島
　　根県松江市の一大プロジェクト」『ベネッセ教育総合研究所』2015 年 10 月 1 日。

地域の産業振興が図れる。Ruby の技術の向上はもちろんのこと，オープンソースの概念や考え方，開発したまつもと氏の情熱が重要である。それらを松江市のスタンスや活動にも反映させられないか。(田中哲也氏)[13]

　ただちに，市役所内で状況を説明し OSS を活用した取り組みを提案した。しかし，多くの職員はオープンソースの意味やプログラミング言語 Ruby の発展可能性を理解できなかった。特に Ruby の将来性については納得できる材料が必要であった。田中氏の上司の能海広明部長（現松江市副市長）が OSS に関して経済産業省から調査を受託していた東京のシンクタンクを訪ねた。説明を受け手応えを感じて，すぐさま，松浦正敬市長に，「Ruby は有望であり，行政が支援する価値がある」ことを報告した。

　　市長は報告に頷いた。しかし，腑に落ちない点があった。「ソースコードを公開してどうやって利益を生み出すのか」。そこで，市長に（株）ネットワーク応用通信研究所の井上浩社長，まつもとゆきひろ特別研究員と直接会ってもらう場を設けた。市長は，収益の鍵がソフトウェアの更新，つまりシステムの維持管理ビジネスにあることを知って Ruby に興味を抱いていった。(田中哲也氏)[14]

　一方，この年（2005 年）の国勢調査で松江市の人口が初めて減少に転じることが分かった。大きな衝撃であった。観光業以外の産業の誘致活動をほとんど行ってこなかった松江市だが，人口減に直面してこれまでの方向を真剣に見直さざるを得なくなった。そこで，市は OSS の Ruby 関連の IT 企業・エンジニアの誘致活動へ舵を切ることを決めた[15]。人口減でショックを受けたタイミングに Ruby 技術の期待・可能性を上手く重ねることができた。

　ところで，産業支援について松浦市長は，どんどん街に出て仕事に関係する市民との間で積極的に関係を作るよう，職員に対して訓示をした。その際に関

---

13　前掲の深見（2007），田中哲也氏へインタビュー実施（2022 年 5 月 12 日）。

14　田中哲也氏へインタビュー実施（2022 年 5 月 12 日）。

15　田中哲也氏へインタビュー実施（2022 年 5 月 12 日）。

満博氏（一橋大学大学院商学研究科教授，現名誉教授）の次の言葉を引用している。

「これまで日本では行政が特定の企業を支援することはタブー視されてきた。しかし，これからは行政がモデルとなる企業を育成し，その企業が全体を引っ張っていくことを考えていくべきだ。」[16]

　こうした状況のもと，田中氏は井上氏やまつもと氏に松江市の考え方を説明し，「Ruby で街おこし，産業振興をぜひ一緒にやりましょう」と訴えた。まつもと氏は，当時の様子を雑誌の記事で次のように語っている。

　　街おこしの話しを聞いて，一体，どういうことなのかと不思議に感じた。ソフトウェアで地域振興を図った例はないし，公務員である市の職員が前例のないことを提案している。そのことに驚き，余程の事情があるのだろうと思った。しかし，リスクを覚悟して挑戦しようとする姿勢に対して応援しなければいけない。そこで，お手伝いしますと答えた。（まつもとゆきひろ氏）[17]

また，その後，まつもと氏は次のようなメッセージを市に寄せている。

　　インターネットは物理的，地理的な制約から解放します。オープンソースソフトウェア（OSS）はインターネットを通じれば，国や地域に関係なく協力して開発できます。住環境に恵まれた地方都市にも有利に働く可能性があります。[18]

地元の産業界も前向きに捉えていて反応はよかった。OSS は使えるものだという雰囲気があった。

　（一社）島根県情報産業協会の当時の多久和厚会長（（株）ワコムアイ

---

16 松江市メールマガジン『だんだん　かわら版』第 70 号（2005 年 6 月 8 日）。
17 前掲の林（2015）。
18 「地域産業におけるオープンソースの活用事例」『ソフトウェアデザイン』2008 年 11 月。

ティ・代表取締役）は「地場のベンダーは県外から外貨を稼げるようチャレンジするべきだ」と Ruby の活用を後押ししてくれた。（田中哲也氏）[19]

## Ruby City MATSUE プロジェクトの目標

産業振興プロジェクトは「日本の Linux のふるさとが Ruby のメッカをめざす」ために，Ruby City MATSUE と命名された。交流だけでなく人材育成にも力を入れることが求められ，次の 2 つの目標を掲げた[20]。しかし，達成期間を明示せず持続的な発展目標とした。

① OSS と Ruby をテーマにした Ruby の街としての新たな地域ブランドの創生をめざす。
　Ruby をキーワードに，気軽に立ち寄り，技術・情報を交換することができる場所を提供し，人材・情報の交流拠点，ビジネスマッチングの拠点としての役割を担うことをめざす。
② 地域の人材を地域へ
　学生向けの Ruby 人材育成から取り組み，産学官の連携により質の高い Ruby 人材育成環境を提供する。IT 産業の振興施策と企業立地の推進により，育成した人材の雇用の場を確保する。

Ruby は世界的な，国籍を越えた開発者コミュニティの互恵的な精神によって支えられている。こうしたオープンソースソフトウェア（OSS）の開発は，企業や組織の枠を越えて多くの研究者，開発者，ベンチャー企業などが自発的に参加するバザール（bazaar，市場）方式であり，コミュニケーションと協働が決め手になる[21]。バザール方式とは複数の参加者が特別な制限を受けずに開発したものを設計者が取りまとめて 1 つのものに作り上げていく方式をいう（Raymond, 1999）。

---

19 田中哲也氏へインタビュー実施（2022 年 7 月 28 日）。
20 しまね OSS 協議会「第 1 回オープンソースサロン資料」（2006 年 10 月 16 日）などを参照。
21 野田哲夫（2009）「地方自治体のオープンソース活用政策と地域産業振興政策」『山陰研究』2, 1-18。

Ruby City MATSUE プロジェクトは松江市（行政機関）が計画を主導した
ものであるが，Ruby という技術的優位性を活用しながら，OSS の開発に特徴
的なバザール方式を地域において実現しようという取り組みである[22]。

## 5 － 2．プロジェクトのスタート（2006 年度）

　2006 年 3 月，松江市は経済委員会で OSS を活用した IT 関連産業振興のた
めの開発交流プラザの設置と運営の予算を説明し承認を得る[23]。市議会でもプ
ラザ設置の良し悪しに関して特に質問が出なかった。人口減少の危機感が，産
業振興を意識した本プロジェクトへの追い風となった。

　プロジェクトがスタートし，2006 年 7 月，JR 松江駅前の松江テルサ別館に
開発交流プラザである松江オープンソースラボを開設した。松浦市長は人を育
てる場であると説明している。

**写真　松江オープンソースラボ**

出所：筆者撮影

---

22　前掲の野田（2009）。

23　「松江市平成 18 年経済委員会記録」（平成 18 年 3 月 16 日，17 日開催）。

表2-2　プロジェクトの主な経過（2006年度，2007年度）

|  |  | 主な経過 |
|---|---|---|
| 2006年度 | 7月 | 松江オープンソースラボ開設 |
|  | 9月 | しまねOSS協議会設立 |
|  | 10月 | 第1回オープンソースサロン開催 |
|  | 12月 | 県外企業誘致の補助制度設定 |
|  | 1月 | Rubyを利用した松江開府400年祭ポータルサイトの入札 |
| 2007年度 | 7月 | 普及支援組織Rubyアソシエーション設立 |
|  | 9月 | 日経地域情報化大賞，インターネット協会賞受賞 |
|  | 10月 | 島根大学Rubyプログラミング講座開講 |
|  | 10月 | 松江市Ruby利用高額医療・介護合算システムの実証実験採択 |
|  | 2月 | 地域づくり総務大臣表彰受賞 |

出所：松江市 Ruby City MATSUE Project Web サイト
https：//rubycitymatsue.jp/ja/history/（閲覧日2022年3月1日）

　　松江は，お茶が盛んな土地なんです。でも実はお茶の生産量自体は少な
　くて，全国からお茶を集めてブレンドしている。つまり，モノよりも人の
　知恵が作り上げている。ブレンドする技術，それを使いこなす人材が重要
　なんです。オープンソースと似通ったものがあると思います。松江にはそ
　ういう伝統があり，そうした人を育てる場としてオープンソースラボを成
　功させたい。(松浦正敬氏)[24]

　ラボといっても50名ほどが収容できる会議スペースやワークスペースを備
えた空間であるが，誰でも気軽に立ち寄って作業をしたり，打合わせをしたり
自由に使えるように無料で開放した。
　同年9月，オープンソースラボの活動母体として産学官からなる「しまね
OSS（オープンソースソフトウェア）協議会」を立ち上げた。単にシステム開
発の受注をめざしたコンソーシアムではなく，島根県内のIT企業やユーザー
に対してOSSのリテラシーを高めることを設立の目的とした。あくまでも，
非公式なコミュニティとして位置づけた。

---

24 前掲の高橋（2006a）。

　島根県には世界的にも有名なプログラミング言語 Ruby の開発者である
まつもと氏が在住し開発を行っている。これを一つの資源ととらえ IT と
OSS を活用することによって，地方における産業を創出，拡大できる可
能性がある。(しまね OSS 協議会発起人会)[25]

なお，プロジェクトスタート後の主な経過は表 2-2 にまとめている。

### しまね OSS 協議会

　2006 年度初頭から井上浩氏 ((株)ネットワーク応用通信研究所・代表取締
役) や野田哲夫氏 (島根大学法文学部・教授) が中心になって，協議会設立の
準備を進め，市のプロジェクトと歩調を合わせ具体化していった。
　彼らは発足当時の状況を次のように振り返っている。

　　業界団体とは違い，OSS のリテラシー向上に主眼を置いた。ゆくゆく
　は元請けで受注できるベンダー (システム開発会社) が増えてくることを
　期待した。我々は 10 年近く OSS に関わってきていたので，地場のベン
　ダーの間では Ruby についてある程度理解されていた。選択肢の 1 つとし
　て参加して取り組みたいと考える経営者たちはいた。(井上浩氏)[26]

　　Ruby に対して発展性が約束された訳ではない不安感もあって，最初は
　冷ややかに見るベンダー，参加に消極的なベンダーはあった。しかし，
　オープンソースラボ開設後に行った Ruby on Rails の勉強会が盛況であっ
　たことや，市や県が発起人となる中で公共需要への期待感から，一定程度
　の法人会員が集まった。(野田哲夫氏)[27]

協議会会長の井上氏は Linux や Ruby など OSS に特化したシステム開発に

---

25　高橋信頼 (2006b)「Ruby を地域資源に，島根県の IT 関連企業などがしまね OSS 協議会
　　設立へ」『日経 XTECH』2006 年 7 月 26 日。
26　井上浩氏 ((株)ネットワーク応用通信研究所・代表取締役) へインタビュー実施 (2022 年
　　5 月 13 日)。
27　野田哲夫氏 (島根大学法文学部・教授) へインタビュー実施 (2022 年 5 月 12 日)。

関わってきた。副会長を引き受けた野田氏は OSS に詳しく，これまで IT 産業振興の側面から市や地元企業の経営者・エンジニアと交流していた。研究者の立場からセミナー・研究会の運営における人的な結節点となった[28]。

　設立準備では，井上氏は東京の企業・研究機関，地元の業界や同業者に設立の趣旨，プロジェクトとの関係・連携を説明し，発起人，会員の参加を呼び掛けた。野田氏はセミナー・研究会の企画を通じて関係者に参加を求め，彼らの要望にも応えた。また，大学内の関係部署に応援を依頼した。市の田中氏は業界団体や島根県にプロジェクトを説明し，支援を求めるとともに，市役所内では関係部署に協力を要請した。

　協議会は，地場の企業関係者だけでなく，東京の企業・研究機関，島根大学，松江工業高等専門学校，松江市，島根県の関係者が発起人となり，11 社が法人会員となってスタートを切った。オープンソースラボを拠点にオープンソースサロンと呼ぶセミナーや研究会を開催したり，その他にもカンファレンスの招致・開催や講習会を開いたりしている。事務局は（株）ネットワーク応用通信研究所に置かれ，産学官の約 10 名がボランティアで運営に当たった。

　オープンソースサロンは，10 月に第 1 回目が開催され，Ruby City MATSUE プロジェクトの立上げのために奔走した松江市の田中氏が講師を務めた。以降，11 月に第 2 回目，12 月には第 3 回目が開催された。サロンでは，OSS に関わるエンジニア，研究者，企業，ユーザーが自由に集い，各分野のトップクラスの講演者と交流を図ることを目指した。

## 5－3．プロジェクトの展開（2007 年度）

　松江市は 2006 年度から企業立地を促進する部署を設け，田中氏もそこに移って東京を中心に県外企業の誘致活動を開始した。社業で東京出張が多いしまね OSS 協議会の井上会長，（一社）島根県情報産業協会の多久和会長をはじめ，島根大学野田教授などから得た県外情報を活用しながら企業と接触を行った[29]。産学官が密接に連携して活動が展開された。そうした過程で集まった

---

28 登坂和洋（2009）「Ruby の松江を世界に　根付くか地方の IT 文化」『産学官の道しるべ』2009 年 1 月号。

29 田中哲也氏へインタビュー実施（2022 年 10 月 27 日）。

具体的な反応や要望と地元の産業界の意見などを踏まえて，翌 2007 年度は，新たに必要な施策がいくつか実施された。プロジェクトの活動は徐々に拡がりを見せていった。また，2007 年度に策定された松江市総合計画の中に，Rubyを核としたソフトウェアに関する活動を支援し地域産業の振興を図ること，つまり，Ruby City MATSUE プロジェクトが盛り込まれた。

### オープンソースサロン

2007 年に入って，オープンソースサロンは，1 月から 8 月まで毎月 1 回のペースで開催され，9 月以降は，複数回開かれる月もあった。県外のエンジニア，大学教員，首都圏の企業や研究者，海外の Ruby に関するキーパーソンなどさまざまな講師が登壇した。一例として 2006 年度〜2007 年度までのテーマと登壇者を表 2-3 に示している（それ以降，2023 年 3 月時点で累計 143 回のサロンを開催）。また，2 月にはシリコンバレー視察を実施した。企業の枠，職種の枠を越えて，開発者・プログラマ・デザイナーといったエンジニアが交流・情報交換を行い，相談し合える場が形成されていった。

オープンソースサロンの影響を受けて，2008 年に，地元の若手エンジニアの Ruby コミュニティである Matsue.rb（まつえるびー）が松江オープンソースラボを拠点に定例の勉強会を始めた。IT 関連では松江で初の勉強会となった。その後も，山陰 ITPro 勉強会，Agile Shimane（アジャイル島根）勉強会，山陰コンピュータ部など，IT の学習コミュニティが多数生まれ，エンジニア同士の企業をまたいだ交流が行われるようになった[30]。

2008 年 2 月には，しまね OSS 協議会の活動に対して，「地域づくり総務大臣表彰」の団体表彰が贈られた。協議会の法人会員は発足時の 11 社から 2008年末には 31 社に増え，活動が徐々に認知されるようになった[31]。

---

30　「エンジニアで地方創生！？ Ruby の聖地として新たな風を吹かせる島根県の取り組みとは？」『i：ENGINEER』2015 年 10 月 26 日 https://persol-tech-s.co.jp/i-engineer/technology/local1-shimane（閲覧日 2022 年 3 月 1 日）。

31　本田正美・野田哲夫（2015）「地域デザインの観点から見た Ruby City MATSUE プロジェクト」『山陰研究』8，19-36。

表 2-3　オープンソースサロンのテーマと登壇者（2006 年度〜2007 年度）

| | | テーマ | 登壇者の所属 |
|---|---|---|---|
| 2006 年度 | 第 1 回 | Ruby City MATSUE project について | 松江市産業経済部 |
| | 第 2 回 | IT の利活用 | ニューメディア開発協会・視察団 |
| | 第 3 回 | オープンソースソフトウェアへの取り組み | 伊藤忠テクノソリューションズ㈱ |
| | 第 4 回 | オープンソースと地元 IT ベンダーを活用した地域産業振興 | 長崎県庁 CIO |
| | 第 5 回 | シリコンバレー OSS ビジネス視察ツアー報告会 | シリコンバレー視察参加者 |
| | 第 6 回 | 開発者サイドから見た OSS の利用 | 日本証券テクノロジー㈱　ほか |
| 2007 年度 | 第 7 回 | 日経 BP 技術賞：「プログラミング言語 Ruby」大賞受賞記念講演 | まつもとゆきひろ氏 |
| | 第 8 回 | Project Looking Glass の紹介 | ㈱サン・マイクロシステムズ |
| | 第 9 回 | 三鷹 ICT 事業者協会と地域内外 SOHO ネットワーク連携 | 三鷹 ICT 事業者協会 |
| | 第 10 回 | サードリアリティ時代に向けて〜 楽天技術研究所の取り組み | 楽天技術研究所 |
| | 第 11 回 | Rails カンファレンスの報告 | — |
| | 第 12 回 | 中国地域の地方公共団体／企業における OSS の活用状況調査報告 | 広島修道大学 |
| | 第 13 回 | ニュージーランドにおける OSS を活用した e-learning システム | ワイカト工科大学（ニュージーランド） |
| | 第 14 回 | 海外のオープンソース事情 | 島根大学 |
| | 第 15 回 | Ruby 資格認定試験直前対策勉強会 | ㈱ネットワーク応用通信研究所 |
| | 第 16 回 | Ruby を使った楽しい開発の話 | 伊藤忠テクノソリューションズ㈱，㈱万葉 |
| | 第 17 回 | Java から Ruby へ | ㈱永和システムマネジメント |
| | 第 18 回 | JRuby：Java と Ruby の融合 | ㈱サン・マイクロシステムズ |
| | 第 19 回 | Ruby 1.9 開発キーマンが語る Ruby の未来 | まつもとゆきひろ氏ほか |
| | 第 20 回 | オープンソースコミュニティの現状と課題　ほか | ㈱びぎねっと　ほか |
| | 第 21 回 | Ruby によるアジャイル開発 | ㈱永和システムマネジメント |
| | 第 22 回 | Ruby による基幹業務開発　ほか | ㈱テクノプロジェクト　ほか |

出所：しまね OSS 協議会資料

## 普及支援組織 Ruby アソシエーション

2007 年に楽天（株）が楽天市場の大規模トランザクション処理に対応するために Ruby on Rails の採用を決めるなど Ruby が民間企業の基幹業務システムで活用され始めた[32]。そうした状況を踏まえて 7 月に，合同会社 Ruby アソシエーション（理事長：まつもとゆきひろ氏）がまつもと氏，井上氏，松江市の出資により設立された。Ruby の普及・発展の核となる組織で，開発者やエンジニアを支援する活動の中心地として不可欠な母体組織である。

具体的には次のような役割を担おうとした。開発・保守を支援するために，必要なソースコード・リポジトリーなどのインフラを提供する。開発者やユーザーのコミュニティを支援する。エンジニアの認定制度，教育カリキュラムを整備し，Ruby エンジニアを確保する枠組みを提供したり，ユーザー企業に対する技術保証を支援したりする[33]。

## Ruby 人材の育成

松江市は Ruby 人材を育成するために，まず，2007 年 10 月に島根大学で Ruby プログラミング講座をスタートした。講座では，（株）ネットワーク応用通信研究所の協力を得て，Ruby や Ruby on Rails を使った実践的なプログラミングを学習すること，Ruby や Ruby on Rails, JRuby, 仕様変更にも柔軟に対応するアジャイル開発に関わっている開発者，エンジニアを全国から招へいし，OSS の今後の発展，活用の可能性について理解を深めることを内容とした[34]。

島根大学では，Ruby プログラミング講座に先立って，2007 年 4 月，野田氏がまとめ役となったオムニバス形式による Ruby 入門講座「情報と地域—オープンソースと地域振興」を開講した。講師にはまつもと氏，松江市の田中氏らが当たった。履修学生の中には，地場のベンダーのインターンシップに参加したり，オープンソースサロンに参加したりする学生もみられた。IT 関連の産

---

32 楽天（株）のプレスリリース（2007 年 3 月 15 日）参照。
33 前掲の田中（2012）。
34 平川正人・野田哲夫（2007）「産官学連携による実践的人材育成の取り組み」『学術情報処理研究』（11），111-114。

学官連携講座は大学として初めての試みであった。

## 地場ベンダー技術のインキュベーション

　Ruby を活用したソフトウェア産業振興である Ruby City MATSUE プロジェクトにおいて，地場のベンダーに開発実績や技術の蓄積をもたらすことは重要な点であった。

　松江市は Ruby を利用したシステムの庁内導入を進めていくに当たって，初年度の 2006 年度は松江開府 400 年祭ポータルサイト案件の入札を行い発注した。2007 年度は基幹業務システムの松江市行政評価システムなどの入札を行った。基幹業務の入札は周囲が驚くほどの松浦市長の思い切った決断であった[35]。その中の高額医療・介護合算システム（2007 年度）は，同システムでは自治体で初めて（独）情報処理推進機構（IPA）の実証実験に採択された。この実証実験は，IPA が経済産業省の委託を受けて行っている電子政府へ向けた OSS 採用の実証と課題解決を目的とした事業であった。

　同システムの構築では地場ベンダー最大手の（株）テクノプロジェクトが代表となり，（株）ネットワーク応用通信研究所など地元企業が参加して，「高額医療・高額介護合算制度」に基づき支給額を算出するシステムを共同で開発した。開発では，Ruby を利用して基幹業務システムを構築するための課題となる「複雑なレイアウトに対応できる精度の高い帳票印刷」，「計算など確実な処理性能」，「業務システムにおける保守性（プログラムメンテナンス性）」，「情報セキュリティの確保」などに取り組んだ[36]。それによって，大量のデータ処理を行うバッチ業務に対応した自治体基幹業務の開発手法の 1 つを蓄積し，実績の横展開が期待された[37]。

　システムの共同開発は企業の系列内はともかく，系列を越える場合は一気にハードルが高くなる。しかし，OSS の Ruby の場合の協力機会について前出の井上浩氏は次のように語っている。

---

**35** 田中哲也氏へインタビュー実施（2022 年 5 月 12 日）。

**36** 「松江市が Ruby による基幹業務システム構築へ，自治体への OSS 導入実証で」『日経 XTECH』2007 年 10 月 1 日。

**37** 前掲の田中（2012）。

　この実証実験案件に限らず，Ruby を利用したシステム開発では，受注した地場ベンダーから当社にサポートを依頼されることが多く，一緒に開発を行って協力し合ってきました。(井上浩氏)[38]

　松江市のシステム発注だけを見るならば，行政による地域産業に対する直接援助の域を出ない。しかし，地場のベンダーはこれらを受注する中で，Ruby 活用の技術力と同時に，プロジェクトマネジメント力を高めていける。
　今までと違って大手 IT ベンダーに頼らないならば，要件定義からシステムテストまでの流れにおいて地場のベンダー自らその能力を高めざるを得ない。その際に重要な役割を果たすのが産業振興の実働母体である「しまね OSS 協議会」であった。地場のベンダーがオープンソースサロンなどセミナーや研究会の場を通じて，設計やテストに必要な情報を交換し，相談し合えるようになった。

### 県外 IT 企業の誘致
　市は松江にオフィスを設ければ，電気料金の 8 年間半額補助（2006 年 12 月設定），家賃の 8 年間半額補助（2007 年 4 月設定）の制度を設け，県外 IT 企業の進出を促した。
　一方，2006 年から開始した企業誘致活動の成果が次第に現れ始めた。県外企業が 2008 年 4 月に Ruby を利用した製品開発をめざして，松江市にオフィスを設けた（2008 年は 4 社が進出）。たとえば，Ruby に早くから注目していて松江にサテライトラボを開設したバブ日立ソフト(株)は，飲食業向け販売分析ソフトの開発に Ruby を用いることで開発期間を短縮している[39]。

### プロジェクト費用ほか
　松江市が Ruby City MATSUE プロジェクトにかける費用は大きなものではなかった。2006 年度は，オープンソースラボの設置費，オープンソースサロ

---

38　井上浩氏へインタビュー実施（2022 年 5 月 13 日）。
39　丹生晃隆（2009）「プログラミング言語 Ruby の松江市―IT 文化から産業創造へ」『産学官の道しるべ』2009 年 10 月号。

ンの運営費，県外企業が松江に拠点を開設する際の補助などで 1,777 万円の年
間予算であった。巨額の税金を投じ，数値目標を設定して推進するような公共
事業とは違う[40]。オープンソースサロンなどの IT コミュニティに参加する企
業やエンジニアの自発性に依拠したプロジェクトである。また，対外的な評価
として，先に述べた地域づくり総務大臣表彰・団体表彰の他にも，2007 年 9
月，松江市は日経地域情報化大賞，インターネット協会賞を受賞した。

## 5 - 4.　2008 年度の取り組み

　注目すべきは，2008 年度以降，島根県は新たな施策を加えながら松江市が
取り組んでいるソフトウェア産業の振興を力強く支援していったことである。
2007 年 4 月に県知事に初当選した溝口善兵衛氏は，ソフトウェア産業を積極
的に推進する姿勢を示した。
　それより前にも 1 つの兆しがあったと吉岡宏氏（前（一社）島根県情報産業
協会会長／前（株）テクノプロジェクト・代表取締役）は語っている。

　　　　製造業・工場誘致を基本線とする県は情報サービス産業の従事者数の増
　　　加に少し注目し始めていた。2005 年の 1 年間だけであったが，IT エンジ
　　　ニアのスキルアップのための教育に予算を付けて支援してくれた。（吉岡
　　　宏氏）[41]

　溝口県政はまず 2007 年度に，地場企業の協力を得ながら，IT エンジニア育
成講座を開始した。続いて，松江市の取り組みや業界団体である（一社）島根
県情報産業協会から出された要望書などを踏まえながら，2008 年 3 月に発表
した島根県総合発展計画の中で次のようなソフト系 IT 産業の振興を謳った。
　「Ruby を利用したソフトウェア開発を中心にして，①実践的な人材育成，
②技術力の集積・開発実績の蓄積，③先進的技術情報の発信とビジネス・販路
の拡大，の 3 つを施策の柱とする。具体的には，9 の事業を支援するメニュー

---

40　前掲の『ソフトウェアデザイン』(2008)，前掲の深見 (2007)。

41　吉岡宏氏（前（一社）島根県情報産業協会会長／前（株）テクノプロジェクト・代表取締役）
　　へインタビュー実施（2022 年 10 月 28 日）。

を用意して，ソフト系 IT 産業の育成をめざす。」

　そして，庁内に情報産業振興室を設置して，2008 年度から順次以下の支援を開始した。予算額は 2008 年度 6,800 万円，2009 年度 1 億 2,500 万円と拡大した[42]。

　実践的な人材育成では，Ruby/OSS 講座など 10 講座，県外の開発案件に対して OSS を活用する県内企業の受注を支援，学生 Ruby 合宿を実施した。受注支援では，実践型の OSS 開発力強化と人材養成を目的とし，首都圏での案件の受注活動において，登録された高度 IT 技術者からなるコンサルティングチームを派遣し県内企業をサポートした。

　技術力の集積・開発実績の蓄積では，企業による Ruby を活用した新技術の研究開発を促進したり，Ruby を利用した県の業務システム案件の入札・発注を行ったりして（2010 年度に 12 の業務システムを発注し，12 年度までに地場 3 社が共同開発し納品），県内企業の実績とノウハウの蓄積を支援した。

　先進的技術情報の発信とビジネス・販路の拡大については，Ruby アソシエーションを中心にして（独）情報処理推進機構（IPA）の支援を得ながら国際会議 RubyWorld Conference を主催する準備を整え，2009 年に松江市で第 1 回目を開催した。Ruby 技術とその活用情報の世界に向けた発信である。

　松江市は，2008 年度から松江工業高等専門学校で Ruby プログラミング講座をスタートした。また，中学生 Ruby 教室の開講や松江オープンソース活用ビジネスプランコンテストの開催を始めた。

　産業界に目を転じれば，（一社）島根県情報産業協会は，2008 年に，県外からのビジネスの獲得に向けた提案・受注活動を目的とするしまねソフト産業ビジネス研究会を立ち上げた。33 社が参加し県の支援を受けながら首都圏等で案件受注などの活動を開始した[43]。県からの支援に対して前出の吉岡宏氏は次のように話している。

---

42　支援内容は島根県情報産業振興室『島根県のソフト系 IT 産業振興施策』各年度版，しまね産業振興財団資料。

43　中小企業診断協会島根県支部（2011）『報告書　島根県における Ruby を活用した地域振興と IT 企業の現状と課題』平成 22 年度調査・研究事業。

県のほうから外注や調達に対する費用とは異なる社内の技術開発費，つまり人件費に対して助成してくれたのは有難かった。（吉岡宏氏）[44]

島根大学は，学生向けの講座とは別に，2008年からOSSの安定化とビジネスモデルの構築に関する研究プロジェクトを推進し，Rubyの開発者まつもと氏も研究に加わった。また，翌年，Rubyを使用した評価情報システムの開発業務を入札・発注した[45]。

Rubyアソシエーションは，（独）情報処理推進機構（IPA）の支援を受けて2008年からRuby言語の国際標準化に向けた準備にとりかかった[46]。

以上が，松江市のRuby City MATSUEプロジェクトの草創・始動段階（2005年～2007年）を中心にした事例の記述である。

なお，本文中の関係者の所属・役職は断りのない限り，当時のものを記載している。また，第5節で使用した文献，資料等については，該当ページ下段の脚注に表記している。

## 第6節　考　　察

産学官によるRuby City MATSUEプロジェクトの事例は，地域の資源の1つであるオープンソースソフトウェア（OSS）のプログラミング言語Rubyを核とした産業振興であり，バザール方式のコミュニケーションと協働を拠り所にしている。つまり，ITコミュニティに参加する企業やエンジニアの自発性に基づいた内発的なネットワーク型の産業振興といえよう。また，Ruby開発者とその所属企業がRuby技術を地域へ積極的に伝搬させている様子もうかがえる。

---

[44] 吉岡宏氏へインタビュー実施（2022年10月28日）。
[45] 高清水直美・野田哲夫（2011）「島根大学における教養科目としてのRubyプログラミング教育」『研究報告コンピュータと教育（CE）』12, 1-4。
[46] 前掲の田中（2012）。

　国産のプログラミング言語 Ruby という知的資産が存在し，しかも，世界的に注目度の高い資産であることが，地域の関係者を糾合して，産業創出に向けた行動を促している。「日本の Linux のふるさとが Ruby のメッカをめざす」メッセージがシンボルである。シンボルは，単一の組織内ではなく産学官のセクターを越えて意味づけられて，組織間やセクター間の境界を連結する役割を果たしている。

　まず，記述した事例の中からセンスメーキングを行う場合の要素である手掛かり，フレーム，連結との関係をみてみよう。手掛かりは，OSS の Ruby が世界的に注目されつつあり，その開発者まつもとゆきひろ氏が松江市に在住していること，である。

　ワイク（Weick, 1995）が例示した 6 つのボキャブラリーによって表されるフレームに関していえば，次の 4 つの点に言及することができる。

　物語の点では，過去に松江で Linux の日本向け Web サイトが最初に立ち上げられた。日本の Linux のふるさとでもある。そのサーバーを受け継いだ会社へ Ruby の開発者まつもと氏が移籍して活躍している。伝統の点では，たとえばお茶が挙げられる。松江は茶葉の生産量は少ないが，全国からお茶を集めてブレンドしている。ブレンドする技術，それを使いこなす人材を育てる伝統がある。

　パラダイムの点では，地方は物理的，地理的な制約を克服するのは専門家の目からみても難しい。認知構造に当たる行為の理論の点からは，「無料でソフトウェアを公開するならばどこで利益を得るのか」，ソフトウェアは有料であるという一般常識の認知構造からすれば，当初，しっくりいかず，腑に落ちないことが指摘された。

　次に，手掛かりをフレームと関係づけて解釈する，すなわち未来の予期に当たる「連結」を行っていく。物語については，Ruby は Ruby on Rails のリリースによって世界的に注目を集め，楽天をはじめとして Web サービス企業で採用・導入が予期され，松江から OSS の Ruby 技術を世界に向けて発信する期待感を抱かせた。

　伝統では，OSS の他のソフトウェアを組み合わせ使いこなそうとする点に

活かせる。パラダイムの場合は，OSS はインターネットを通じれば住環境に
恵まれた地方都市に有利に働く可能性がある。地方は物理的，地理的な制約か
ら解放されるというパラダイム・チェンジへの期待である。行為の理論では，
ソフトウェアは無料でも更新による維持管理が収益源になるという認知の転換
である。

　事例で取り上げたシンボルには，図 2-3 にまとめているように，地域やソフ
トウェアに関する過去，現在，未来の予期の連鎖が反映されている。

　また，フレームとは別に，センスメーキングの特性に照らしてみた場合は，
「日本の Linux のふるさとが Ruby のメッカをめざす」中でふるさとは「過去
の経験の回顧」でありそこに光が当てられた。Ruby のメッカについては
「もっともらしい推測」や「環境を創造するイナクトメント」が相当する。

　続いて，社会的関係もみておこう。Ruby は OSS ゆえに誰でも自由に使え
て工夫次第で高度化でき，ビジネスの下請けでなく元請けになれるという機会
の均等性，システム開発や保守運用におけるコストの削減効果は市場全体・社
会全体のメリットになるという公正性を保持している。誰もが自由に利用でき
るところは公共財に相当する。産学官，特に大学や行政が連携しやすいオープ
ン性を持った財であり，公正性，公平性が十分に意識されている。

　事例のシンボルは，単一の組織で必要とされる連続性などのセンスメーキン

図 2-3　Ruby をシンボルとする解釈

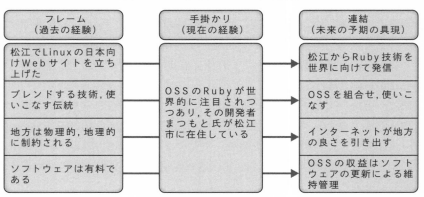

出所：筆者作成

グの要件に加えて，公正・公平の点を重視して意味づけされている。つまり，シンボルは多義性を減らし，1つの意味方向を指し示す一種の概念的知識として生成されている。このため，地域の関係者は産学官のセクターを越えて認知レベルでもっともらしさを感じて，しまね OSS 協議会の会員や研究会（オープンソースサロン），勉強会に参加している。シンボルの持つ意味が腑に落ち理解できていたと判断される。したがって，仮説1の内容は事例の中で確認することができ，シンボルは次のように捉えることができる。

　**「組織をまたぐプロジェクトでは，認知レベルにおいて，共通性を映し出すシンボルが必要である。シンボルは，センスメーキングを通じて過去の経験，現在の経験，未来の予期の具現を連鎖させて意味づけるだけでなく，公正・公平の点からも解釈できることが重要である。」**

　協調行動について事例を確認してみよう。OSS の開発は，本来，多くの研究者，開発者，起業家などが企業や組織の枠を越えて自発的に参加するバザール方式であり，コミュニケーションと協働が鍵を握っている。事例では開発者のまつもと氏や所属する（株）ネットワーク応用通信研究所の保有する Ruby の先進技術が，オープンな形で地場企業や学生へ伝搬され，そうした知識移転が産業の創出，ひいては Ruby のメッカへの足掛かりを築いている。センスメーキングのフレームに関して示される6つのボキャブラリーの中の組織の側面「仮定や定義からなる前提コントロール」の視点からみると，「日本の Linux のふるさとが Ruby のメッカをめざす」表現には，オープン性を前提としたエンジニア間や企業間の協力・共生が含意されている。そのために，表2-4のような行動が短期間のうちに展開されたと考えられる。
　まず，しまね OSS 協議会では，エンジニアが企業の枠を越えて情報交換や

表2-4　Ruby を通じた協調行動

|  | 具体例 |
| --- | --- |
| IT コミュニティ | エンジニア間の交流（オープンソースサロン），勉強会 |
| 公共システムの受注 | 地場ベンダー間で共同開発 |
| 大学教育 | 企業が登壇するプログラミング講座 |

出所：筆者作成

学習が行える交流の場（オープンソースサロンと呼ばれている）を設けて活発に活動を始めた。このサロンの影響を受けて，Matsue.rb（まつえるびー），山陰 ITPro 勉強会，Agile Shimane（アジャイル島根）勉強会，山陰コンピュータ部など，個別の学習コミュニティが多数生まれていった。

　加えて，松江市，さらには島根県では，地場のベンダーが実績や技術力を蓄積できるように，Ruby を利用した業務システムの導入を進めることを決め入札・発注を行った。受注に際して地場ベンダーは前述のサロンや勉強会で設計やテストに必要な情報を交換することができた。また，受注後に，（株）ネットワーク応用通信研究所にサポートを依頼するなどベンダー間の共同開発が促進された。（独）情報処理推進機構の実証実験に採択された高額医療・介護合算システムの開発案件はその代表例である。また，大学での Ruby プログラミング講座の開講は，企業が講師を務めることにより産学の関係を深めた。

　Ruby のメッカをめざすシンボルは多義性を減らしたとは言っても，まだ多義的である。メッセージを発することによって，地元の産業界からの要望だけでなく誘致活動を行った東京などの県外企業からも建設的な意見を得ることができた。関係する他の人々のセンスメーキングに影響を与えていること，つまりセンスギビングが確認できる。そうした声を受けて，都度，実質的な施策が実行に移されている。たとえば，人材育成や公共システム案件の入札・発注機会の拡大，普及支援組織の設立などが挙げられる。

　また，松江市の取り組み，業界団体の要望を踏まえて，島根県は庁内に新たな部署を設け，大きな予算を付けて，松江市のプロジェクトを後押しし，ソフトウェア産業を力強く支援しようと動いた。これにより地域の協調体制が整い，松江市の Ruby City MATSUE プロジェクトが目標達成に向けて大きく前進することができた。この場合も，シンボルが関係者に徐々に理解されて，そのことが島根県のセンスメーキングに大きな影響を与えている。つまり，オープン性を前提とし利他的な行動の概念を含んだシンボルであるので，関係者が敏感に反応し，センスメーキングとセンスギビングを交互に繰り返して意味の生成を継続的に行った。こうしてシンボルの多義的な意味が削減され一層具体化・実質化したとみられる。

　シンボルは協調行動を促すとともに，他者のセンスメーキングに影響を及ぼ

す行為であるセンスギビングを引き出して新たな施策を生んだ。その結果，プロジェクトを比較的短期間で軌道に乗せることができた。シンボルは協力・共生を意識して意味づけられると，産学官の枠を越えた交流や情報交換を活発にし，さらに，センスギビングを通じて新たな協調行動を促しやすいと考えられる。したがって，仮説2の内容は事例の記述の中で確認することができ，シンボルは次のように捉えることができる。

　**「組織をまたぐプロジェクトでは，行動レベルから見て，複数の組織が1つの集合体として機能するための工夫を意識する必要がある。シンボルに協力・共生の観点を加えて意味づけると，センスギビングを通じて協調行動が促される。」**

　続いて，事例の記述に基づいて企業間，エンジニア間，産学間，県外企業間，県と市の行政間の関係性をみてみよう。松江市のプロジェクトの開始前と比較した状況を表2-5にまとめている。

　企業間においては，企業系列を越えた協働は難しいとされるが，Rubyを利用したシステム開発案件に対して地場のベンダーが共同で開発する例がいくつか見られる。また，OSSのリテラシーの向上を目的としたコミュニティであるしまねOSS協議会の法人会員が発足時の11社から31社へと増加している（2008年末時点）。このことから，シンボルであるRubyのオープン性が企業を糾合し，結びつける一定の役割を果たしているとみられる。

　エンジニア間では，オープンソースサロンが継続的に開催され，企業の枠を越えてエンジニア同士の情報交換が行われている。また，このサロンの影響を

表2-5　横断的な関係性

|  | プロジェクト後 | プロジェクト前 |
|---|---|---|
| 企業間 | システムの共同開発 | 系列を越えた共同開発は難しい |
| エンジニア間 | 情報交換，勉強会へ参加 | 非公式な交流の場がない |
| 産学間 | 連携講座，セミナー・研究会での協力 | IT関連の連携講座はない |
| 県外企業間 | 誘致活動と県外IT企業の進出 | 松江市は誘致に消極的 |
| 県と市の行政間 | ソフトウェア産業を強力に支援 | たとえば，企業誘致の姿勢に温度差 |

出所：筆者作成

受けて個別の学習コミュニティが生まれ，勉強会がスタートした。Ruby が今までやり取りがなかったエンジニア間の媒介役となっている。

　産学間では，大学はオープンソースサロンの運営に協力し，企業は大学のプログラミング講座の講師を務めるなど Ruby を介して両者が連携している。県外企業間では，東京の企業・研究機関がしまね OSS 協議会の発起人に名前を連ねたり，誘致活動の結果，県外の IT 企業が松江市に進出しオフィスを設けたりしている。この意味で，シンボルである Ruby が松江と県外企業の橋渡しに一役買っている。

　県と市の行政間をみると，県は製造業・工場誘致を産業振興の基本線としていた。しかし，松江市のプロジェクトの盛り上がりがその後の県の振興施策に影響を与えたのは確かであろう。Ruby をシンボルに掲げていたことが，県に工場重視の姿勢を再考させる一因になったと考えられる。

　このように，シンボルは横断的な関係に影響を与え，さまざまな境界間をつなぐ橋渡しの働きをしていることがうかがえる。元来，複雑な意味が濃縮されているというのがシンボルであるが，センスメーキングやセンスギビングを通じて多義性を減らせば，1つの方向を指し示す一種の概念的知識に近づく。それにより，意味が横断的にシェアされやすくなる。こうしたことが事例の記述の中で確認することができ，シンボルは仮説3の通り次のように捉えることができる。

　**「組織をまたいで意味づけられたシンボルは，組織間の認知や行動に影響を与え，これまでゲートキーパー，橋渡しなどのように人や組織に注目して語られてきた境界連結の役割を手助けする道具となる。」**


## 第7節　おわりに


　企業，大学，行政など広域にまたがるプロジェクトを組成し推進する場合は，センスメーキングが重要になる。本章では，解釈，意味の共有に求められる要素や条件を検討した。具体的には，組織をまたぐ場合に生じる課題を指摘し，それに必要なセンスメーキングと組織を越えてシェアするシンボルについ

て考察することを研究目的とした。地域の産学官のセクターをまたぐシンボルについて，理論的な検討と内発的な産業振興の事例分析によって以下の諸点を確認することができた。

　組織をまたぐプロジェクトでは，認知レベルにおいて，共通性を映し出すシンボルが必要である。シンボルは，センスメーキングを通じて過去の経験，現在の経験，未来の予期の具現を連鎖させて意味づけるだけでなく，公正・公平の点からも解釈できることが重要である。

　また，行動レベルから見て，複数の組織が1つの集合体として機能するための工夫を意識する必要がある。シンボルに協力・共生の観点を加えて意味づけると，センスギビングを通じて協調行動が促される。

　組織をまたいで意味づけられたシンボルは，組織間の認知や行動に影響を与え，これまでゲートキーパー，橋渡しなどのように人や組織に注目して語られてきた境界連結の役割を手助けする道具となる。

　ところで，シンボルはこれまで，意味解釈のプロセスの中心であると認識されて，行動に対する影響力の手段としての役割はあまり説明されてこなかった。本章では，協力・共生の意味を含意するシンボルの場合は，センスギビングを通じて協調行動を促しやすいことが事例分析から確認できた。シンボルはセンスメーキングやセンスギビングによって多義性を減らせば，一種の概念的知識に近づく。それにより，意味が組織を越えてシェアされやすくなる。また，単一の組織で重要視されてきたセンスメーキングの理論を複数の組織をまたいだ事象に適用することで，その重要性を再確認した。こうした点も1つの学術的貢献である。

　なお，事例ではプロジェクトを短期間で始動させ，企業やエンジニアの自発性に基づいた内発的な取り組みを機動的に展開している。この状況はセンスメーキングの善し悪しだけで説明できる訳ではなく，当時，世界的に注目されていた先端的な知的資産のプログラミング言語 Ruby，それに関わる人的資源が地域に存在したことも大きく影響している。

第 3 章

# 企業を越えてシェアされるメタ知識
## ──トランザクティブ・メモリーの視点から──

# 第1節　はじめに

　産業振興に取り組む地域では，市場や先進技術などの知識へアクセスする機会を持つ必要がある。知識には，たとえば，技術シーズなどある概念を定義づけるために明示された宣言的知識や，そうした技術シーズを市場ニーズと結びつけて事業化するなど，何らかの手続きを実行するための手続的知識などがある。しかし，手続的知識の場合は，明示しにくく非公式な形で存在している。

　事業化について言えば，アイデアの生成はイノベーションやビジネスの成功に必ずしも直結する訳ではない。市場でパワーを持つ人がアイデアを取り上げてくれることによって，初めてアイデア自身が正統性とパワーを得て，ビジネスに結びつく（Van de Ven, 1986）。つまり，市場の誰に働きかければ正統性とパワーを得られるのかを知っておくことが重要である。

　この意味で，誰がどんなことを知っているかというメタ知識であるトランザクティブ・メモリーに注目する。トランザクティブ・メモリーも前述の手続的知識と同様に明示されている訳でなく非公式な形で存在している。非公式な形で存在する知識は，カンファレンス（大規模な会議），専門家会議や展示会などのテンポラリー・クラスターを活用するのが獲得方法の1つとされる。

　本章では，メタ知識であるトランザクティブ・メモリーとカンファレンスなどのテンポラリー・クラスターの関係に着目しながら，以下の仕組みについて理論的な検討を行い，事例分析と重ね合わせながら考察する。「産業振興において地域外部に存在するトランザクティブ・メモリーをどのような方法で獲得するのか，獲得した知識はどのようにして地域内へ伝搬させ企業を越えてシェアするのか。」

　本章の構成は次の通りである。第2節で知識とトランザクティブ・メモリーの既存研究をレビューし，第3節でテンポラリー・クラスターの役割を踏まえながら知識の獲得について理解する。第4節では産業振興における知識の獲得とトランザクティブ・メモリーの論点を示し，仮説を提示する。第5節ではソ

フトウェア産業振興に取り組んでいる松江市（島根県）の Ruby City MATSUE プロジェクトのテンポラリー・クラスター事例を中心に記述する。第6節で事例を分析し，仮説の内容の吟味や意義などについて考察を行う。最後の第7節では見出された発見事項を要約する。


## 第2節　知識とトランザクティブ・メモリー

### 知識の分類

　認知心理学では知識を宣言的知識（declarative knowledge）と手続的知識（procedural knowledge）に大別している（Anderson, 1983）。こうした2分法は，ライル（Ryle, 1949）が知ること（knowing）について，内容を知ること（knowing that）と方法を知ること（knowing how）に分けたことに由来する（松尾・細井・吉野・楠見, 1999）と言われている。

　宣言的知識は事物の存在自体，その性質，そして事物間の関係を記述した知識を指し，「……は───である」というような命題による表現で記述できる事実に関する知識をいう。手続的知識は事物を利用した何らかの処理の手順を記述した知識を指し，やり方，技能など言語で表現することが難しい知識も含む（山田, 2005）。人々が意思決定の際に無意識のうちに利用する経験則が代表例の1つである。

　ビジネスで言えば，宣言的知識は技術シーズなどある概念を定義づけるための知識であるのに対して，手続的知識は技術シーズを市場ニーズと結びつけて事業化するなど，何らかの手続きを実行するための知識である。経営学では手続的知識の重要性に注目することは多い（山本, 2011）。

　手続的知識に関して，アンダーソン（Anderson, 1983）は認知的技能を例にして学習モデルを提起している。このモデルは，宣言的知識が経験や学習の繰り返しによって自動的に処理する手続的知識へと徐々に変換されていく過程を説明している。以下に示すように，手続的知識と言っても，初期の宣言的段階から知識の編集段階，最終の手続的段階まで，3つのレベルに分かれる。

① 宣言的段階では，宣言的知識を1つずつ解釈しながら技能を身につける。
② 知識の編集段階では，実際に宣言的知識を使う中で次第に解釈なしで自動的に使える手続的知識に編集される。
③ 手続的段階では，編集された手続的知識が繰り返し使われることによって処理速度が向上し，知識として確立する。手続的知識は長期にわたって保持されやすい。

　また，古くは，ハイエク（Hayek, 1945）は知識には2種類あると述べている。1つは，一般的な法則に関わる理論的な知識，あるいは科学的な知識である。これらは明示的な命題として表現できる。もう1つは，ある時と場所における特定の状況についての知識である。この知識を活用する行為主体が市場経済を成立させているように，特定の状況に関する知識は経済活動において重要な役割を果たしていて，実践的知識とも呼ばれている。

　しかし，特定の状況に関する知識は理論的知識・科学的知識に比べて軽視される傾向がある。既成の形で存在しないで市場に分散していることが軽視の原因だが，もしそうした知識を持つ人々の主体的な意思決定を認めないならば，知識を有効に活用することはできない（Hayek, 1945）。

　似たような議論に，技術知識と市場知識がある。経営学では知識を技術知識と市場知識に分ける考え方がある（Kogut & Zander, 1992）。技術知識は科学的仕組みとしての技術を実現するための知識である（Zander & Kogut, 1995）。市場知識は技術知識を応用して事業化するための知識をいう（Teece, 2007）。市場知識は製品やサービスの成果を高め，技術知識の商業化を可能にする機能を持っている（Lichtenthaler, 2009）。技術知識と市場知識は補完的な関係にあり，適切に組み合わせることによって効果を発揮する（Lane, Koka & Pathak, 2006）。

　当然ながら，市場知識は市場志向の中心をなしている。市場志向については，「市場知識，現在の顧客や未来の顧客のニーズに関する情報の組織レベルでの生成，部門間を横断する情報の種まき，それに対する組織レベルでの反応である」（Kohli & Jaworski, 1990）と定義される。なお，この中には競争相手に目を向ける視点も含意されている（Deshpandé, 1999）。

　また，経済地理学では，知識フローのプロセスについて対話やバズ（buzz）

の視点を含めた考察が行われている。アシャイムら（Asheim, Coenen & Vang, 2007）によると，知識ベースは分析的（analytical），統合的（synthetic），象徴的（symbolic）の 3 種類に区分できる。

　分析的な知識ベースでは形式知を中心とした科学的知識が重要になる。代表的な産業として，バイオテクノロジー，ナノテクノロジーの分野などが挙げられる。これらの産業では，自社で研究開発（R&D）部門を持つとともに，大学や他の研究機関との連携に積極的である。

　統合的知識は，問題解決の経験など既存の知識をもとにした暗黙知である応用知識や工学的な知識を指す。統合的な知識ベースを特徴とする産業として，専用の工作機械を用いるプラントエンジニアリング，造船業が挙げられる。こうした産業では，注文生産や，特定の問題に対応するために顧客と対話を繰り返す相互学習が行われる。

　象徴的知識は，美的感覚，アイデアやイメージの創造など感性に基づく暗黙知である。象徴的知識ベースの産業には，映画，出版，音楽，広告，デザインといった文化産業が挙げられる。これらの産業では，「バズ」が知識交換で重要な役割を果たす。バズにアクセスするために大都市への立地や，文化コミュニティへの参加が選好される。なお，バズについては第 3 節で詳説する。

　ここまで，知識の分類や種類について既存研究のレビューを行ってきた。知識に関しては，明示的に表現できる科学的知識だけでなく，表 3-1 のように記述表現が難しい知識，市場や顧客に分散して存在する知識，技術知識を応用して事業化する知識，バズが重要な役割を果たす知識，といった明示がしにくく非公式な形で存在する知識がある。既知でなく，公知でもない知識の中には有用なものもある。それを活用することによって，事業化を可能にしたり，差別

表 3-1　明示しにくい知識の例

|  | 説　明 |
| --- | --- |
| 手続的知識 | やり方，技能など暗黙知を含む |
| 実践的知識 | 特定の状況に関する暗黙知 |
| 統合的知識 | 応用知識，工学的知識など暗黙知 |
| 象徴的知識 | 感性に基づく暗黙知 |

出所：既存研究をもとに筆者作成

化や独自性を生み出したりするヒントが見つかる可能性はある。

## メタ知識のトランザクティブ・メモリー

　明示しにくい非公式な知識に着目すると，メタ知識であるトランザクティブ・メモリーが挙げられる。ウェグナー（Wegner, 1987）は，「誰が何を知っているかを認識すること」をトランザクティブ・メモリーと定義した。そして，組織内の情報の共有化で大事なことは，組織のメンバー全員が同じことを知っているのではなく，「組織の誰が何を知っているか」をメンバー全員が知っていることだと主張した。

　組織の誰がどのような知識を持っていて何に詳しいかに関する共通の認識がトランザクティブ・メモリーである。他者が持っている知識を外部記憶の一つとして活用しようとする概念であり，外部の記憶媒体，たとえば書籍や書き留めたノート，コンピュータの記憶装置などを利用して，知識を蓄積したり検索したりすることを含意している（Wegner, 1987）。

　トランザクティブ・メモリーは組織内の知識がどこにあるかというメタ知識である。ある分野の結果を網羅できる知識，つまり，知識についての知識はメタ知識とされる。メタとはより上位の，より後の，といった意味を持つ接頭語である。たとえば，データの知識とそのデータのメタ知識。この関係においてメタ知識は，データの出所，作成者，作成時期，真偽などを意味する（Schueler, Sizov & Staab, 2008）。データ（知識）の内容を詳細に知っていることと，そのデータ（知識）をどのように捉えているのかということは別であり，メタ知識も知識同様に重要である（Smith, 1969）。したがって，人は知識とメタ知識を常に同時に獲得するとみられている（岩崎, 1994）。しかし，個人の記憶には自ずと限界がある。

　トランザクティブ・メモリーに関連して，トランザクティブ・メモリーシステムという概念が使われることも多い。ルイス（Lewis, 2003）によれば，トランザクティブ・メモリーは個人の記憶の中に存在するもの，トランザクティブ・メモリーシステムは個人間，すなわち集団レベルで形成されるもの，として区別している。大沼（2016）は，トランザクティブ・メモリーは「誰が何を知っているのかを知っていることに関する個人の記憶」，トランザクティブ・

メモリーシステムは「他者の知識を変換，蓄積，検索するために，複数のメンバーの間でシェアされた集団レベルの記憶システム」と定義している。

　また，レンら（Ren & Argote, 2011）は，「誰が何を知っているか（who knows what）についてのヒントを提供するのがトランザクティブ・メモリーである。一方，トランザクティブ・メモリーシステムは単なる知識の存在を越えて，トランザクティブ・プロセスに携わるための集団の知識を必要とする。」と述べている。トランザクティブ・プロセスは共有システムを指す。

　ところで，トランザクティブ・メモリーが組織レベルで構築されることが重要視されている。ウェグナーら（Wegner, Giuliano & Hertel, 1985）は，すでに言及したように，トランザクティブ・メモリーは「他者の知識を変換，蓄積，検索するためのシェアされたシステムであるべきだ」と捉えた。つまり，複数のメンバーの間で，「誰が何を知っているか」を知っていることに関する記憶をシェアして，他者の知識を変換，蓄積，検索することを意味する。

　このことは，メンバー間で知識が単に移転するだけでなく，知識の変換，蓄積，検索においてメンバー間の相互作用をともなうことになる（Wegner *et al.*, 1985）。そうした相互作用の中で，知識を専門化させたり，新しい知識のヒントを発見したりする過程をたどる（Wegner *et al.*, 1985）。トランザクティブ・メモリーシステムにおいては，個々のメンバーが持つ知識と，「誰が何を知っているか」を認識していることが結びつく形になる（Moreland, 1999）。

　別の視点からは，トランザクティブ・メモリーシステムはシェアされた分業として捉えられている。トランザクティブ・メモリーは，他者の知識（自分とは異なる領域の知識）の変換，蓄積，検索および伝達に関してシェアされる認知的分業であり，親密な人間関係の中で発展することが多い（Wegner, 1987）。また，2 人かそれ以上のメンバーが分業して知識を蓄積，検索，伝達して，互いに依存し合う（Lewis, 2003）。このため，各メンバーが専門外の領域の知識にアクセスする場合，トランザクティブ・メモリーは躊躇することなく利用されやすい（Hollingshead, 2001）。

　トランザクティブ・メモリーシステムはシステムの構造とトランザクティブ・プロセスから構成される（Lewis & Herndon, 2011）。構造とはメンバー独自の知識や誰が何を知っているかを含めて，メンバーがシェアする知識を表わ

す。プロセスとはメンバー間の知識のやり取り・調整を指し，種々の領域から
の情報を変換，蓄積，検索するために構築されるメンバー間の共有システムを
いう（Ren & Argote, 2011）。システムの構造とトランザクティブ・プロセス
の構成要素（変換，蓄積，検索）の間は動的な相互作用が行われなければなら
ない。つまり，メンバー間でコミュニケーションをとって互いにやり取りしな
がら職務を遂行すれば，その効果が高まる（Lewis & Herndon, 2011）。


## 第3節　知識交換を促進するテンポラリー・クラスター

本節では，明示されにくい知識の獲得という観点からテンポラリー・クラス
ターについて検討する。

### 非公式な知識交換

主体間の知識交換をイノベーション・システムの観点からみた場合，契約に
基づいた公式なものと，契約に基づかない非公式なものに分けられる（表3-2
を参照）。公式なものでは，たとえば，ライセンスや受託研究など市場を通じ
た知識交換（Tödtling, Lehner & Trippl, 2006），産学連携など共同研究を通じ
た知識交換（Etzkowitz, 2008）が挙げられる。

非公式なものとして，カンファレンス（大規模な会議）や産業見本市へ参加
することによりフェース・ツー・フェースを通じて得られる有用・無用な情
報，すなわち人々の間のやり取りであるバズ（buzz）を介した情報（Storper
& Venables, 2004）などの知識交換が挙げられる。

契約に基づく公式な知識交換では技術関連の知識が中心となる。一方，非公

表3-2　公式・非公式な知識交換

|  | 具体例 |
|---|---|
| 公式な知識交換 | ライセンス，受託研究，共同研究 |
| 非公式な知識交換 | カンファレンス・産業見本市でのバズを通じた情報，観察行動，人材の採用活動 |

出所：既存研究をもとに筆者作成

式な知識交換では技術関連も含まれるが，市場情報，利用者情報など技術が市場に受け入れられるための参考情報が重要視される。

　すでに，非公式な知識交換の1つとして取り上げたように，産業内や地域内の人々の間で伝搬される有用・無用な情報のやり取りはバズと呼ばれる。バズとは，元来，ハチのブンブンという音を表わす英語である。

　バズの本質は自然発生的であり流動的である。関係者はその場にいるだけでゴシップやニュースの情報の拡散に貢献し，そこから便益を得る（Gertler, 1995）。情報には，うわさ，風評，推奨，商慣習，戦略的内容が混在している（Grabher, 2002）。

　バズは，同じ産業，同じ場所，同じ地域の人々や企業の対面接触，共同参加，共同利用によって生み出される情報とコミュニケーションの環境を意味している。たとえば，同じ経済的・社会的文脈の中に共同参加することによって，さまざまな個人的出会いとコミュニケーションの機会が生まれる。これらの出会いは計画的であったり，自然発生的であったり，偶発的であったりする。バズから得た情報は，たとえば，事業投資の場面で，関係者の資源の利用方法や不測の事態への対処に役立ったり，リスクを評価するための能力を向上させたりする（Uzzi, 1997）。

　カンファレンス，産業見本市において得られる情報の多くはバズによるやり取りである。バズは，今，必要とされている技術を持った人は誰なのか，最も進取の気概に富む人は誰なのか，一緒に協働できる人は誰なのか，というような「適切な人を知ること（know-who）」において効率の良い方法である（Asheim, 2007）。「誰が何を知っているか（who knows what）についてのヒントを提供するのがトランザクティブ・メモリーである」（Ren & Argote, 2011）が，適切な人を知るという意味において，バズはトランザクティブ・メモリーを獲得する重要な行為である。

## テンポラリー・クラスター

　ところで，カンファレンス，専門家会議，産業見本市，コンベンションのように，ある特定の目的の下で，開始と終了が制度的に定まった開催期間において，国・地域を越えて非日常的に各参加主体が集まる現象はテンポラリー・ク

ラスター（temporary cluster）と呼ばれる（與倉，2009）。テンポラリー・ク
ラスターでは，知識交換などによって参加主体間相互の関係が形成されや
すく，一時的な近接性を活用した知識獲得の重要な場と捉えられている
（Maskell, Bathelt & Malmberg, 2006）。

　具体的には，次のような知識獲得効果があるとされる。

①　一時的な対面接触によって，各参加主体は経時的に形成された産業集積
　　（クラスター）と同等の知識を獲得することができる（Maskell, Bathelt
　　& Malmberg, 2004）。

②　グローバルに知識獲得するには，国際会議，国際見本市を通じた一時的
　　な近接性が重要な役割を果たす（Lorentzen, 2007）。

　たとえば，産業見本市へ参加することによって，日常の関係性やルーティン
への埋没から解放され，普段は会うことのない人々と比較的簡単に接触するこ
とができる（Rallet & Torre, 2009）。また，アイデアの創造や他企業の観察に
際して刺激を受けやすい（Bathelt & Schuldt, 2008）。参加者にとっては距離を
感じる市場や知識ストックへアクセスできる重要な機会となる（Maskell *et al.*,
2004）。

　とりわけ，地理的に遠距離であっても一時的な近接性を築くことにより，参
加主体間のバズを通してトランザクティブ・メモリーなど必要な知識が交換で
きる。テンポラリー・クラスターは距離の問題を調整できる点が長所である。

　テンポラリー・クラスターで強調される近接性に関して言及すれば，近接性
はある地点が有する他の地点への到達のしやすさであると定義される（地理学
辞典，1989）。定量的な観点からは，近接性は相対的近接性と積分的近接性に
分けて捉えられている。相対的近接性とは特定の2地点間における近づきやす
さ，積分的近接性とは1地点からみた地域全域への近づきやすさを指してい
る。また，相対的近接性と積分的近接性の関係は次のように表される
（Ingram, 1971）。

$$A_i = \sum_{j=1}^{n} a_{ij}$$

$a_{ij}$ は地点 $j$ に対する地点 $i$ の距離を示す相対的近接性，$A_i$ は $n$ か所の地点 $j$
に対する地点 $i$ の積分的近接性を表している。

　次に，テンポラリー・クラスターの一時性は，プロジェクト組織に似ている。プロジェクト組織は共通の目的を達成するために編成される期間限定的で，メンバー個々のネットワークからなる組織である。その構造は知識の創造にも影響を与える（Owen-Smith & Powell, 2004）。組織の本質は，一時的（temporary）であり知識などの資源を活用するための仲介（agency）にある（Turner & Muller, 2003）。また，プロジェクト組織は，時間や空間が同じでない状況であってもメンバー同士の協働関係を築き，時間の経過とともに緊密な結びつきへと変化する「柔らかい組織」である（寺本・中西・土谷・竹田・秋澤，1993）。

　テンポラリー・クラスターはプロジェクトの形態はとらないものの，プロジェクト組織の場合と同じように期間が限られた中で，参加主体間の情報交換を通じて有益な人や企業を知るトランザクティブ・メモリーなど，地域内で入手できない知識がバズを通じて獲得できる。知識は市場に対する組織的な対応や競争企業の動向の把握などに役立てられる。

　たとえば，産業見本市に出展することによって，出展者と来場者の間のバズを介して，変化する市場や技術に関する情報交換や情報共有が図れる。つまり，売り手と買い手という垂直的な相互作用の効果が得られる。相互作用をきっかけにしてコミュニケーション・チャネルが築かれ，それが情報のパイプラインとなる可能性がある。パイプラインをもつことによって新たな知識を獲得する機会は増える。パイプラインは地域外部とのチャネルを指す（Owen-Smith & Powell, 2004）。

　テンポラリー・クラスターでは，一時的な近接性を活用することによって明示されにくく非公式な形で存在する外部のトランザクティブ・メモリーなどがバズを介して獲得できる。また，バズという暫時の相互作用から築かれるコミュニケーション・チャネルは，その後，出展者と来場者間の学習を喚起して，知識創造やアイデアの生成を誘発する可能性を秘めている。

## 第4節　トランザクティブ・メモリーの獲得と伝搬

　本節では産業振興に焦点を定めて，前節までの議論の内容を援用しながら地域産業に必要な知識の獲得とその伝搬の方法について検討を行っていく。

　地域にとって，メタ知識である「誰がどんなことを知っているか」を認識するトランザクティブ・メモリーをシェアすることの意義は大きい。したがって，明示されにくい知識を地域外から獲得できる環境と，それを地域内へ伝搬しシェアできるコミュニケーション基盤の整備について考えてみる。

### 4－1．テンポラリー・クラスターの開催

　地域が一体となって新たな産業の振興に取り組んでいくには，どのような形の知識を意識するべきなのか。

　地域の産業には小規模な企業が多く，分業構造のもとで多重下請けに甘んじる企業は少なくない。人材等の資源が制約される上，市場情報など情報の非対称性も大きな課題である。もちろん，企業間，地域間の競争はある。そうした状況の中にあっても地域が一体となって新たな市場を切り拓いていくには，明示的な科学的知識だけでなく明示が難しい非公式な知識にも注目する必要がある。特に，後者は事業化に関係する。

　第2節で言及したが，知識と産業立地の関係をみると，研究開発型企業や大学・研究機関と関わりの深い科学的知識，市場や顧客に分散して存在する応用知識や工学的知識，大都市に偏在する感性に基づいた象徴的知識といったパターンが提起されている。大学や研究機関が少なく顧客や大都市と遠距離にある地域の産業にとっては，明示されにくい応用知識や工学的知識，象徴的知識を容易に獲得できる状況でない。ただ，明示的な科学的知識は理科系の大学や公的研究機関が立地する地域ではある程度獲得できるかもしれない。

　第3節で取り上げたように，テンポラリー・クラスターは遠距離の問題を調整できる点，バズを通じて積極的な情報交換が行える点に特徴がある。地域の産業振興に必要な明示が難しい知識の獲得と，市場や顧客と遠く離れた距離の

問題を勘案すれば，一時的な近接性を確保でき，非公式な情報が得やすいテンポラリー・クラスターを効果的に活用する方略が考えられる。

「誰がどんなことを知っているか」を認識するトランザクティブ・メモリーは明示されにくく非公式な形で存在するからこそ，事業化や独自性の創出につながる可能性がある。とりわけ，市場の誰に働きかければ正統性とパワーを得られるのかを知っておくことは必要である。テンポラリー・クラスターでは，それがバズを通じて効率的に獲得しやすい。

ここで，本節の冒頭で示した通り，地域が一体となって新たな産業振興に取り組む観点に立てば，地域外で開催されている既存のテンポラリー・クラスターに参加する方法だけでなく，地域が中心となってテンポラリー・クラスターを主催することも重要な選択肢である。

テンポラリー・クラスターの代表例であるビジネスイベント（MICE とも呼ばれる）の招致・開催の意義としては，①ビジネス・イノベーションの機会の創造，②地域への経済効果，③国・都市の競争力向上という3つの主要な効果が考えられる（観光庁 Web サイト）。

たとえば，国際会議の場合には，ビジネス・イノベーションの機会や都市の競争力向上といった効果が見込まれる。このため，多くの都市が国際会議を戦略ツールと位置づけて積極的に招致・開催を行ってきた（西本，2021）。また，多くの産業見本市は集客力を増すために同じ都市での開催を繰り返している（佐藤，2002）。この他にも，地域の企業や関係者の参加意欲を高めるとともに，地域外からの参加者には当該地域の取り組み状況を理解してもらう好機になる。

ただ，テンポラリー・クラスターの招致・開催に当たっては，情報的影響力が意識されなければならない。それは，地域が専門的技術知識による情報的影響力のある準拠集団として地域外から認知されることが集客につながるからである。ここでいう地域外とは大都市の市場を意味し，そこに所在する企業，関係者を指している。

人々の価値判断や行動選択の枠組みである準拠枠（frame of reference）は，外集団から影響を受ける場合も多い。外集団は比較の基準だけでなく，憧れの対象としての準拠集団にもなる（澤内，2002）。準拠集団（reference group）

とは，人々が自分自身を関連づけることにより，自己の態度や判断の形成と変容に影響を受けるような集団を指す。

　準拠集団の影響力の1つである情報的影響力は，人々が準拠集団の専門知識を参考にして適切な行動をとろうとするものである（Burnkrant & Cousineau, 1975）。準拠集団は，たとえば，技術知識の専門家であるという信頼性によって生じる潜在力を持っている。つまり，人々の行動の変化を生み出す可能性を意味している（French & Raven, 1960）。

　また，テンポラリー・クラスターによって一時的に実現できる地理的な近接性だけでなく認知的な近接性も重要である。認知的近接性は複数の主体間の準拠枠の共通性・共有性を意味する。同じ産業，業界に属している場合，そこで必要となる知識は共通している。お互いが理解し合えて，知識の学習は円滑に行われると，認知的近接性が一層大きくなる。社会的ネットワークにおいてつながりを持っている場合も大きくなる（水野・立見，2008）。

　前述した通り，多くの産業見本市は同じ都市での開催を繰り返すと指摘されている。テンポラリー・クラスターでは一貫したテーマを掲げて開催を継続することが，集客力に好影響を及ぼすとみられる。それは，一時的に実現する地理的近接性に加え，一貫性の継続によって認知的近接性を大きくするためである。つまり，双方の近接性の相互作用効果を引き出している。

## 4－2．トランザクティブ・メモリーの地域内伝搬

　知識の伝搬は地域内の結びつきを強め，関係者の解釈プロセスを強化する（Bathelt, Malmberg & Maskell, 2004）と指摘されているように，獲得した知識を地域内へスピル・オーバーさせることが重要な課題である。スピル・オーバー（spillover）とは費用を負担した者に提供される便宜が，負担しない者にまで及ぶことをいう。知識のスピル・オーバー効果の場合は，地理的な近接性や技術領域の近接性が関係している。特に，技術的近接性が強く作用していると言われている（小林，2014）。

　ここではバズを介して得たメタ知識であるトランザクティブ・メモリーを伝搬する仕組みについて考える。まず，トランザクティブ・メモリーシステムとしての考え方がある。他者の知識を変換，蓄積，検索するために，複数のメン

バーの間でシェアされた集団レベルの記憶システムは，トランザクティブ・メモリーシステムと呼ばれている（大沼，2016）。

　トランザクティブ・メモリーシステムが構築された組織では，組織のメンバーは専門知識と，他者が持っている知識に関するメタ知識を組み合わせることができる。このような知識と人を結びつけるシステムが形成されることによって，他のメンバーの誰がどのような専門知識を持っているかを認識でき，適切な人物に必要な知識を問い合わせる行動が可能になる。そのことが，組織パフォーマンスやチームレベルの成果に表れる（Mell, Van Knippenberg & Van Ginkel, 2014）。

　一般的に，トランザクティブ・メモリーシステムを築いた集団は，築いていない集団に比べて業績が高くなる（Lewis & Herndon, 2011；Mohammed & Nadkarni, 2014）。たとえば，トップマネジメントチームの持つトランザクティブ・メモリーシステムとパフォーマンスの間には正の関係があり，チームメンバーが外部とのネットワークを持っているときに強まる（Heavey & Simsek, 2015）という研究結果がある。

　ところで，ルイスら（Lewis & Herndon, 2011）は，トランザクティブ・メモリーシステムには軽視されやすい3つの側面があるため，それに留意すべきことを指摘している。1つ目は，対象とする知識の側面である。トランザクティブ・メモリーシステムの効果は対象とする知識やその差別化の程度によって集団間で異なる。よって，対象とする知識の内容が重要になる。

　2つ目は，変換，蓄積，検索のプロセスの側面である。トランザクティブ・メモリーシステムのプロセスは集団がメンバーの学習や知識の検索を調整するための仕組みである。なぜなら，集団の職務に活用されなければならない知識共有システムだからである。

　3つ目は，トランザクティブ・メモリーシステムの機能の動的な性質の側面である。シェアされた知識としての構造と，変換・蓄積・検索としてのプロセスの2つが結びついて相互に影響を及ぼし合うが，この相互作用はメンバーがコミュニケーションや対話を繰り返しながら職務を遂行するときに大きな効果を生む。その結果，他の集団と差別化した知識や新たな集合知が創造される。なお，集合知とは，相互作用し合う多数の自立主体集団に生まれる知性と定義

される（高玉，2003）。

　次に，プラットフォームに関する考え方がある。プラットフォームを社会的文脈に当てはめた社会プラットフォームについて，國領（2011）は，「多様な主体が協働する際に，協働を促進するコミュニケーションの基盤となる道具や仕組み」と定義している。トップダウンによる命令・管理・統制ではなく，自律・分散・協調型の社会への転換を促進するプラットフォームと捉えている。

　その理由として，プラットフォームは効果的な設計を行えば，人や組織などの多様な主体のつながりを形成し，相互作用によって創発をもたらす可能性を挙げている。創発とはあるシステムにおいて，その部分の総和とは異なる性質，機能が，システム全体においてあらわれる現象である（Luisi，2006）。

　プラットフォームの設計に関しては，コミュニケーション・パターンの設計，役割の設計，インセンティブの設計，信頼形成メカニズムの設計，参加者の内部変化のマネジメントの5つの変数を挙げて，以下の指針を提示している（國領，2011）。

①　資源を結集して結合する空間を作る
②　新しいつながりの生成と組み替えが常時起こる環境を提供する
③　各主体にとって参加の障壁が低く，参加のインセンティブを持てるような魅力的な場を提供する
④　規範を守ることが自発性を高める構造を作る
⑤　機動的にプラットフォームを構築できるオープンなインフラを整える

　この社会プラットフォームの考え方をトランザクティブ・メモリーシステムに活用するにはどうマネジメントするべきか。プラットフォームは場であり，人々の間の情報的相互作用の容れものである。伊丹（1999）は，場のかじ取りについて次の点を指摘している。場のプロセスのマネジメントには3つの基本行動がある。刺激，方向づけ，束ねである。人は，何らかの内容あるいは外的な刺激がないと行動そのものを起こさない。起こしたとしても低水準の行動レベルしか保たない。活動を活発に保つためには，広い意味での人を刺激することが必要となる。人を方向づけることで，人々の行動に共通の方向性が生まれる。人を束ねることによって，個の合成としての全体が個の単純和よりも大き

くできる。

　地域外の関係者とバズを通じて得たトランザクティブ・メモリーを地域レベルでシェアするには，オープンで地域の誰もが参加意欲を持てるような場の設計を施し，参加者を刺激するような内容に配慮した場のマネジメントを行う必要がある。また，参加者間のバズを含めた相互作用効果も意識しなければならない。それにより，「地域外部の誰が何を知っているか」を認識するトランザクティブ・メモリーは，近接性がもたらすスピル・オーバー効果と相まってビジネスのヒントとして地域内に伝搬され，シェアされることになる。明示が難しく非公式な形で地域外部に存在する知識であれば，地域の人々の興味・関心を呼びやすい。

## 4 − 3.　仮説の提示

　本節ではここまで，地域の産業振興におけるテンポラリー・クラスターの活用，そうした場で得たトランザクティブ・メモリーの展開のあり方を検討してきた。それらを踏まえて，地域外部に存在する知識に対する接触，やりとり，それの地域内への伝搬と共有に関する仮説を提示する。

　まず，明示されにくく公式的でない知識に注目すべきことが指摘できる。

### 【仮説1】

　産業振興では，地域外部に存在する公式的でないトランザクティブ・メモリーに注目して，市場や技術に関して適切な人を知るよう努めることが重要である。


　次に，トランザクティブ・メモリーに対するバズを通じた接触と地域の情報的影響力に関して，特に，テンポラリー・クラスターを継続することによって認知的近接性が大きくなるところから以下を示す。

### 【仮説2】

　トランザクティブ・メモリーに効率よく接触する方法の1つは，テンポラリー・クラスター（カンファレンスなど）を継続して開催すること，そして，

当地域に集まった地域外からの参加者とバズを介して情報交換を行うことである。開催の継続は，情報的影響力のある準拠集団としての当地域の認知を高める。

　続いて，接触して得た外部のトランザクティブ・メモリーを地域内の関係者へ伝搬させシェアし合う必要から次の点が示される。

## 【仮説3】

　地域が得たトランザクティブ・メモリーを，統合的・選択的に地域内へ伝搬させるよう工夫する。参加者間のバズを重視し，情報的刺激のある内容に配慮した「場」を作れば，知識が拡がりやすい。


## 第5節　事例の記述

　松江市（島根県）のRuby City MATSUEプロジェクト―テンポラリー・クラスター（2008年～2019年）―について記述する。

## 5－1.　島根県ソフト系IT産業の特徴

　メタ知識であるトランザクティブ・メモリーの視点から県外情報に深くかかわる島根県内企業の県外従事者に注目する。図3-1の折れ線グラフで示すように，ソフト系産業従事者全体に占める県外従事者の割合がコンスタントに3割以上を占めていることが分かる。これは，地場企業が市場の受注情報や顧客ニーズ，技術動向を収集するために東京などにオフィスを設けて，県外への人材配置を進めてきたことの表れである。県外では売上高にやや先行して従事者の配置が行われてきたとみられる。

## 5－2.　テンポラリー・クラスターの経緯

　県外情報に接近するために，会議・研究会，顕彰制度といったテンポラリー・クラスターが松江市のRuby City MATSUEプロジェクトに関連づけて行われてきた。主なテンポラリー・クラスターの実施状況は表3-3に示す通り

図 3-1　島根県のソフト系 IT 産業の売上高と県外従事者の比率

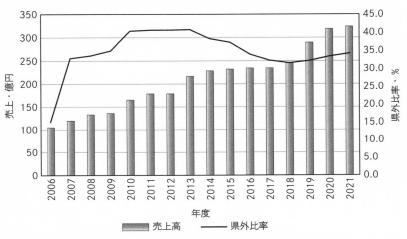

注）売上高，従事者数は島根県情報産業協会が会員企業などを対象に調査した数値である。
　　県外従事者比率は次の計算式に基づく。
　　県外従事者比率＝県外従事者／（県内従事者＋県外従事者）
　　県外従事者とは県内本社企業で県外に事業所を持ち，そこで勤務している従事者数を示す。県外
　　本社企業の場合は，県内事務所に勤務する従事者のみを調査対象としている。
出所：（一社）島根県情報産業協会『ソフト系 IT 業界の実態調査報告書』

である。
　プログラミング言語の Ruby のメッカをめざす松江の知名度向上とビジネス
の創出について，島根県では東京を中心に IT 業界の専門家，関係者の意見を
聴取した。そして，県外のビジネス情報を収集するにはまず発信が重要である
ことを再確認し，産学官が連携して世界に向けて発信すること，普及支援組織
として設けていた合同会社の Ruby アソシエーションを Ruby ビジネスと
Ruby コミュニティに橋を架ける財団法人として位置づけ，発信に当たっては
そこが中心となること，などの方針を定めた[1]。2009 年には Ruby アソシエー
ションを中心にして（独）情報処理推進機構（IPA）と県が支援して国際会議
RubyWorld Conference を松江市で開催した（以降，毎年開催）。

---

　1　杉原健司氏（前島根県産業振興課／現 Welfamily（株）・代表取締役）へインタビュー実施
　　（2022 年 7 月 28 日）。

表 3-3　Ruby City MATSUE プロジェクトの会議・研究会，顕彰制度の実施状況

| | 会議・研究会系 | | | | 顕彰系 | | |
|---|---|---|---|---|---|---|---|
| | RubyWorld Conference | オープンソースカンファレンス Shimane | 松江 Ruby 会議 | Rails Girls Matsue | Ruby biz グランプリ | Ruby Prize | オープンソース活用ビジネスプランコンテスト |
| 2006 年 | | | | | | | |
| 2007 年 | | | | | | | |
| 2008 年 | | ● | | | | | |
| 2009 年 | ● | ● | ● | | | | ● |
| 2010 年 | ● | ● | | | | | ● |
| 2011 年 | ● | ● | ● | | | | ● |
| 2012 年 | ● | ● | ● | | | | ● |
| 2013 年 | ● | ● | | ● | | ● | ● |
| 2014 年 | ● | ● | ●● | | | | ● |
| 2015 年 | ● | ● | ● | ● | ● | ● | ● |
| 2016 年 | ● | ● | ● | | ● | ● | ● |
| 2017 年 | ● | ● | | ● | ● | ● | ● |
| 2018 年 | ● | ● | | ● | ● | ● | ● |
| 2019 年 | ● | ● | | | ● | ● | ● |
| 2020 年 | ●* | | | | ● | ●* | ● |
| 2021 年 | ●* | | | | ● | ●* | ● |
| 2022 年 | ● | | | | ● | ● | ● |

注）●は実施，＊印はオンライン方式での実施を示す。
出所：各種資料から筆者作成

　また，全国各地で開催されているオープンソースカンファレンスをしまね OSS 協議会が中心になって松江に招致したり，各地で行われている地域 Ruby 会議を勉強会の Matsue.rb（まつえるびー）が松江でも開催したりした。

　顕彰制度では，しまね OSS 協議会と松江市が Ruby 活用のメッカとして PR を図り，応募作品の事業化を期待して，2009 年から毎年，松江オープンソース活用ビジネスプランコンテストを開催している。島根県でも，2015 年から Ruby を利用したビジネスで優位性のある事例を顕彰する Ruby biz グランプリを設けて，Ruby を国内外に広く PR している。

　続いて，テンポラリー・クラスターそれぞれについて個別にみていく。な

お，本節の最後にテンポラリー・クラスターなどを通じて収集した県外のビジネス情報を地域内へ伝搬する相互交流の場であるオープンソースサロンについて記述する。

## 5－3．会議・研究会

### 〈RubyWorld Conference〉

RubyWorld Conference は世界に向けて Ruby の技術と利用の情報を発信する国際会議である。（一財）Ruby アソシエーションを中心に最初の数年間は（独）情報処理推進機構（IPA）の支援を得て開催している。2009 年（第 1 回）開催の趣意書では次のように述べられている。

> Ruby で Web アプリケーションを効率的に開発するためのフレームワークである Ruby on Rails の登場をきっかけに，Ruby はビジネスの現場に急速に拡がりつつあります。
> 一方，Ruby をビジネスで利用するにあたって，十分な性能を確保できるかどうか，言語仕様は安定しているかどうか，Ruby 自体のメンテナンス体制は大丈夫かどうか，利用実績はあるかどうか，など，まだまだ不安の声も聞かれるのが現状です。
> こうした不安を払拭し，Ruby の利用を促進することをめざして，Ruby に深いゆかりのある松江の地において，RubyWorld Conference を開催します。Ruby 処理系をはじめとした Ruby 関連技術の最新情報や，言語仕様の標準化の動向，先進的な事例などを紹介するさまざまなセッションを通じて，Ruby がより多くの領域に普及していくことを願っています。（RubyWorld Conference 開催実行委員会　委員長まつもとゆきひろ）[2]

毎年，松江市にある島根県立産業交流会館「くにびきメッセ」3 階国際会議場を会場にして 2 日間の日程で開催している。Ruby の普及をめざして，テー

---

2 RubyWorld Conference の Web サイト http://2009.rubyworld-conf.org/ja/committee/prospectus/（閲覧日 2022 年 7 月 23 日）。

マに Ruby のエコシステム―― Ruby の持続可能な生態系――を掲げ，これまで，Ruby2.0，Ruby3.0 など最新技術の情報を発表するとともにビジネス事例やビジネスへの応用などを紹介してきた。

　海外から毎回数名の講師を招いていて，Ruby に関連する世界的な著名人が基調講演を行っている。講演者や講演テーマについて，Ruby 開発者コミュニティのコアコミッター（ソースコードを更新できる権限を持つ人）で開催実行委員を務める前田修吾氏（(株)ネットワーク応用通信研究所・取締役）は次のように話している。

　　　　スピーカーやテーマは，Ruby アソシエーション・理事長のまつもと氏と私がそれぞれ候補案を出し合って決めている。米国の RubyConf，日本の Ruby Kaigi など主要なカンファレンスの情報を参考に，これから Ruby をビジネスで使ってみたいと考える人々も意識しながら選んでいる。（前田修吾氏）[3]

　規模は 500 人～600 人（実数）が参加する国際会議である。IT 企業関係者の参加が多く，第 5 回目以降は，県外からの来場者が目立っている（表 3-4 を参照）。

　設営上，講演会場の隣には企業用のブースを設けている。そこでは，講演の合間に情報交換や立ち話しが行われる。また，1 日目の夜は飲食付きのレセプションを開いており，ここでも講演者と来場者間，来場者同士の情報交換が行われる。

　たとえば，2019 年（第 11 回大会）のプログラムは次のような内容で開催された[4]。

- まつもとゆきひろ氏（Ruby アソシエーション・理事長），Odunayo 氏（Story Graph 社・創業者兼 CEO）による基調講演

---

3 前田修吾氏（(株)ネットワーク応用通信研究所・取締役）へインタビュー実施（2022 年 10 月 27 日）。

4 RubyWorld Conference の Web サイト https：//2019.rubyworld-conf.org/ja/ （閲覧日 2022 年 7 月 23 日）。

表 3-4　RubyWorld Conference の開催状況

| | | 期間 | 講演者 | 延べ来場者 | 来場者実数 | 海外 | 県外 | 県内 |
|---|---|---|---|---|---|---|---|---|
| 第 1 回 | 2009 年 | 9 月 7-8 日 | 国内 21 名, 海外 7 名 | 1092 | 645 | 4 | 249 | 392 |
| 第 2 回 | 2010 年 | 9 月 6-7 日 | 国内 20 名, 海外 5 名 | 1108 | ― | ― | ― | ― |
| 第 3 回 | 2011 年 | 9 月 5-6 日 | 国内 24 名, 海外 4 名 | 929 | 551 | 6 | 195 | 350 |
| 第 4 回 | 2012 年 | 11 月 8-9 日 | 国内 13 名, 海外 3 名 | 949 | 674 | 9 | 259 | 406 |
| 第 5 回 | 2013 年 | 11 月 21-22 日 | 国内 14 名, 海外 2 名 | 901 | 619 | 8 | 380 | 231 |
| 第 6 回 | 2014 年 | 11 月 13-14 日 | 国内 18 名, 海外 2 名 | 876 | 658 | 9 | 433 | 216 |
| 第 7 回 | 2015 年 | 11 月 12-13 日 | 国内 11 名, 海外 4 名 | 898 | 636 | 17 | 367 | 252 |
| 第 8 回 | 2016 年 | 11 月 3-4 日 | 国内 15 名, 海外 3 名 | 848 | 509 | 9 | 236 | 264 |
| 第 9 回 | 2017 年 | 11 月 1-2 日 | 国内 14 名, 海外 2 名 | 801 | 577 | 18 | 345 | 214 |
| 第 10 回 | 2018 年 | 11 月 1-2 日 | 国内 16 名, 海外 2 名 | 1028 | 632 | 4 | 232 | 396 |
| 第 11 回 | 2019 年 | 11 月 7-8 日 | 国内 14 名, 海外 4 名 | 1053 | 622 | 34 | 214 | 374 |
| 第 12 回 | 2020 年 | 12 月 17 日 | オンライン開催 | | | | | |
| 第 13 回 | 2021 年 | 12 月 16 日 | オンライン開催 | | | | | |
| 第 14 回 | 2022 年 | 11 月 10-11 日 | 国内 17 名, 海外 2 名 | 725 | 446 | 11 | 197 | 238 |

注）来場者の単位は人。
出所：RubyWorld Conference 開催実行委員会，（一財）Ruby アソシエーション事業報告書

- Ruby による超大量データ配信
- 大規模サービスにおける Rails を活用した検証サイクル
- 製造業の IoT を始めるための Ladder Drive
- 非同期的な Ruby
- 世界で通用する Ruby プログラマ育成手法

なお，プログラムの中では，後述する Ruby Prize の表彰式も行われている。

### 〈オープンソースカンファレンス Shimane〉

　オープンソースカンファレンス（略称は OSC）は 2004 年より日本全国各地で開催されているオープンソースをテーマにしたイベントである。オープンソースの「今」を伝えることをスローガンにして日本でのオープンソースの活性化を促している。オープンソース関連のコミュニティや企業・団体が最新技

表 3-5　オープンソースカンファレンス Shimane の開催状況

|  |  | 期間 | プログラムの主な内容 | 来場者数 | 参加コミュ<br>ニティ数 |
|---|---|---|---|---|---|
| 第 1 回 | 2008 年 | 9 月 12-13 日 | Ruby による基幹業務開発など | 500 | 27 |
| 第 2 回 | 2009 年 | 5 月 16 日 | セキュア OS の最新動向など | 250 | 19 |
| 第 3 回 | 2010 年 | 11 月 27 日 | クラウドとは何かなど | 210 | 16 |
| 第 4 回 | 2011 年 | 11 月 12 日 | 大規模 VPS システムなど | 130 | 12 |
| 第 5 回 | 2012 年 | 9 月 1 日 | 開発事例を通じた Ruby 効果など | 120 | 15 |
| 第 6 回 | 2013 年 | 8 月 24 日 | Redmine で実現するヘルプデスクシステムなど | 120 | 19 |
| 第 7 回 | 2014 年 | 8 月 23 日 | Cloud Foundry と Cloudn Paas など | 120 | 15 |
| 第 8 回 | 2015 年 | 8 月 22 日 | マイクロソフトにおける OSS 戦略など | 115 | 17 |
| 第 9 回 | 2016 年 | 9 月 24 日 | オープン IoT の時代など | 180 | 24 |
| 第 10 回 | 2017 年 | 10 月 14 日 | パソナテックの OS へのチャレンジなど | 113 | 19 |
| 第 11 回 | 2018 年 | 11 月 23 日 | Indeed の OSS 貢献など | 100 | 19 |
| 第 12 回 | 2019 年 | 9 月 28 日 | Python 言語最新情報など | 150 | 19 |

注）来場者の単位は人。
出所：オープンソースカンファレンス実行委員会

術や成果を公開・発表し，一般来場者が発表者や関連する企業・団体などと情報交換をする場である。

　（株）びぎねっとを中心としたオープンソースカンファレンス実行委員会が主催し，入場料・参加費は無料で，運営費用は後援・協賛企業／団体による寄付で賄われている。

　松江市では 2008 年に初めて開催した。成功裡に終えた後の懇親会に溝口善兵衛県知事も駆けつけ労をねぎらっている。その後，2019 年まで毎年開催を続けてきた。「オープンソースカンファレンス Shimane」の状況は表 3-5 に示している。会場は松江テルサを使用し，コンスタントに 100 人以上の来場者，15 程度以上のコミュニティが集う会議である[5]。

　たとえば，オープンソースカンファレンス 2008 Shimane の 2 日目は 4 つの会議室に分かれて次のような内容で行われた。

- Linux + Xen によるサーバ仮想化構築事例の紹介

---

5　オープンソースカンファレンスの Web サイト https：//ospn.jp/eventlist （閲覧日 2022 年 7 月 23 日）。

- Linux サーバセキュリティ入門
- オープンソースの企業ポータル Liferay
- Firefox と Mozilla のテクノロジー
- OSS をライセンス的に正しく使うためのチェックポイント
- Ruby による基幹業務開発
- OSS DB, PostgreSQL の最新技術情報

講師の多くは県外の企業に所属する県外の人々である。

これまで，松江開催の責任を担ってきたきむらしのぶ氏（システムアトリエ ブルーオメガ・代表）は1つの成果に言及している。

> オープンソースソフトウェア（OSS）全般を開催テーマにしている会議で，第2回から第11回まで実行委員長を務めた。県外から参加する人が多いのが特徴である。前日は配布資料を袋詰めした後に前夜祭，当日は閉会後に懇親会を設けて来場者間の交流を深めている。もともと島根に ITの勉強会はなかったが，この開催などをきっかけにして勉強会組織 Matsue. rb（まつえるびー）や山陰 ITPro 勉強会が生まれた。（きむらしのぶ氏）[6]

オープンソースカンファレンスは県外からの来場者が多く，県内のエンジニアにとっては交流を拡げる機会となった。

### 〈松江 Ruby 会議〉

Ruby Kaigi（ルビー会議）は，Ruby コミュニティが主催し日本で開催しているプログラミング言語 Ruby に関する年次イベントである。技術や開発を主な内容とした Ruby Kaigi をさまざまな地域で行おうというプロジェクトが地域 Ruby 会議である。松江では，地域 Ruby 会議を勉強会組織の Matsue. rb（まつえるびー）が主催し，2009 年から 2018 年まで9回行っている（表3-6を参照）。松江オープンソースラボなどを会場にして，講演や発表を通して，

---

6 きむらしのぶ氏（システムアトリエ ブルーオメガ・代表）へインタビュー実施（2022 年7月 28 日，10 月 27 日）。

表 3-6　松江 Ruby 会議の開催状況

|  |  | 期間 | プログラムの主な内容 | 来場者数 |
|---|---|---|---|---|
| 第 1 回 | 2009 年 | 2 月 2 日 | 島根大学プロジェクト研究，Ruby1.9.2 に向けて | 60 |
| 第 2 回 | 2010 年 | 2 月 13 日 | Ruby を利用したシステム開発の事例 | 74 |
| 第 3 回 | 2011 年 | 7 月 3 日 | Ruby を利用したシステム開発の事例 | 59 |
| 第 4 回 | 2012 年 | 9 月 1 日 | (オープンソースカンファレンス 2012Shimane と同時開催) | ― |
| 第 5 回 | 2014 年 | 3 月 15 日 | DXRuby を使ったライブコーディング | ― |
| 第 6 回 | 2014 年 | 12 月 20 日 | ライブコーディング | 57 |
| 第 7 回 | 2015 年 | 9 月 26 日 | Redmine の歴史とアーキテクチャ | 66 |
| 第 8 回 | 2016 年 | 12 月 17 日 | フルタイム Ruby コミッター | 91 |
| 第 9 回 | 2018 年 | 6 月 30 日 | Redmine の更新，OSS の Alone | 50 |

注）来場者の単位は人。
出所：松江 Ruby 会議実行委員会レポート

Ruby への関わりや貢献について考える機会を提供している。

　一例として，2018 年 6 月に開催した第 9 回松江 Ruby 会議の内容を紹介する。松江オープンソースラボにて 50 人が参加して行われた。ゲストで井上浩氏（(株)ネットワーク応用通信研究所・代表取締役）が松江の Ruby ビジネスの歴史について講演を行った。次いで（一財)Ruby アソシエーション・理事長でもあるまつもとゆきひろ氏が Ruby の設計・実装に取り組んだ動機や経緯について基調講演を行っている。その後，発表者による最近の技術動向，自身が開発したプロダクトの紹介，セキュリティアップデートに関する改善策，プロダクトのバージョンアップ時の対応方法など技術面に関する話題が提供された。最後に，松江で働くことの意義，自分にとってのエンジニアコミュニティなど働く環境について短時間でエッセンスを伝えるライトニングトークが行われている[7]。Ruby の生みの親のまつもと氏だけでなく，Ruby 開発者コミュニティのコアコミッターである前出の前田修吾氏も参加している。

### 〈Rails Girls Matsue〉
Rails Girls はより多くの女性がプログラミングに親しみ，アイデアを形にで

---

7 地域 Ruby 会議の Web サイト http://regional.rubykaigi.org/（閲覧日 2022 年 7 月 23 日）。

表 3-7　Rails Girls Matsue の開催状況

|  |  | 期間 | 参加者 | 参加コーチ | 会場 |
|---|---|---|---|---|---|
| 第 1 回 | 2013 年 | 11 月 22, 23 日 | n.a. | 18 人 | 松江オープンソースラボ |
| 第 2 回 | 2015 年 | 11 月 13, 14 日 | 25 人 | 20 人 | 松江オープンソースラボ |
| 第 3 回 | 2017 年 | 3 月 3, 4 日 | 20 人強 | 15 人 | 松江オープンソースラボ |
| 第 4 回 | 2018 年 | 11 月 10 日 | 17 人 | 14 人 | 松江テルサ |

出所：Rails Girls の Web サイト http：//railsgirls.com/events.html, https：//blog.railsgirls.jp/ar-chive/（閲覧日 2022 年 6 月 17 日）

きる技術を身につけることを手助けするコミュニティである。2010 年のヘルシンキ（フィンランド）からスタートして世界各都市で，Ruby を用いたプログラミングのワークショップを開催している。参加者はコーチのアドバイスを受けながらプログラムを設計して，プロトタイプを作り，コーディング（符号化）を行う。

　日本では東京，京都などで開催されてきた Rails Girls が，2013 年に初めて松江で開催された（表 3-7 を参照）。Ruby や Ruby on Rails に惹かれている人同士が，無料のワークショップを通じてプログラミングを経験し，新たな交流の輪を拡げるきっかけを提供している。コンピュータを使ったことがある女性ならだれでも参加できる。参加者に助言するコーチも，同時に募集する。日本での開催は Rails Girls Japan が支援している。

　2015 年（第 2 回）の松江開催では，Rails Girls の創始者 Linda Liukas 氏が来日して基調講演を行った。2018 年（第 4 回）を例にしてプログラム内容をみると，17 人の参加者が 5 チームに分かれ，午前と午後のワークショップで，Ruby を使ってプログラミングを行いアプリを開発する作業に取り組んだ。ワークショップの合間にはスポンサー企業によるライトニングトークを挟み，和気藹々（あいあい）とした雰囲気の中でプログラミングを体験している[8]。

---

8 Rails Girls の Web サイト http://railsgirls.com/events.html, https://blog.railsgirls.jp/ar-chive/（閲覧日 2022 年 6 月 17 日）。

## 5 - 4. 顕彰制度

### 〈Ruby Prize〉

新規に Ruby コミュニティ活動に参加した人を正当に評価し，Ruby の普及と利用促進を図るため，2013 年に「Ruby Prize」と称する Ruby コミュニティの「新人賞」を創設した。2020 年からは Ruby コミュニティの「個人賞」に形を変えて実施している。

Ruby Prize の受賞者は，Ruby 処理系および周辺のライブラリ・フレームワークの開発・発展・保守において，直近概ね 2〜3 年の間に顕著な活動実績や功績をなした人，貢献した人を対象に選定している。国内外が対象である。

受賞者は一般の推薦で募集し，推薦内容を実行委員会で確認し，賞の主旨に合わせて選定する。受賞者および最終ノミネート者（1〜2 名）は，松江市で開催する「RubyWorld Conference」に招待して表彰している。なお，実行委員会は，Ruby アソシエーション，（一社）日本 Ruby の会，松江市の 3 者で構成されている。

これまでの受賞者は県外の人々であるが，「Ruby Prize 2020」では，前田剛氏（ファーエンドテクノロジー(株)・代表取締役）が地元から初めて最終ノミネート者に選ばれた。Ruby 製のオープンソースソフトウェア（OSS）のプロジェクト管理ツール「Redmine」のコミッターとして機能開発・検証や普及活動に尽力したことが評価された[9]。

### 〈Ruby biz グランプリ〉

Ruby biz グランプリは，プログラミング言語 Ruby の特徴を活かして，新たなサービスを創出しビジネスを継続的に展開している事例を顕彰するものである。Ruby によるビジネスの優位性を国内外に広く PR し，ビジネスチャンスのさらなる拡大をめざしている。2015 年度に創設され，毎年実施している。表彰式は 2019 年度までは帝国ホテル（東京），20 年度以降は松江で行っている。

顕彰する事例は，Ruby を使った自社商品・サービス等で，Ruby の特徴を活かし，「新規性」「独創性」「市場性」「将来性」に富んで，今後継続的に発展

---

9 RubyWorld Conference の Web サイト https：//rubyworld-conf.org/ （閲覧日 2023 年 3 月 29 日）。

表 3-8　Ruby biz グランプリの大賞受賞一覧

| | | 大賞受賞の内容と企業 | エントリー企業数 |
|---|---|---|---|
| 第 1 回 | 2015 年 | ログデータの収集・分析・保管ツール（トレジャーデータ㈱）<br>iPad を活用した POS レジシステム（㈱ユビレジ） | 30 社 |
| 第 2 回 | 2016 年 | 見積書から納品書・請求書を作成するクラウドサービス（㈱Misoca）<br>トラックドライバーの非稼働時間を活用したオンライン求貨車サービス（ラクスル㈱） | 29 社 |
| 第 3 回 | 2017 年 | クラウド型人事評価システム「コンピテンシークラウド」（㈱あしたのチーム）<br>web サイトを 30 カ国語対応できる多言語開発ツール（㈱ミニマル・テクノロジーズ） | 29 社 |
| 第 4 回 | 2018 年 | フードシェアリングのプラットフォーム（㈱コークッキング）<br>学習管理 SNS（スタディプラス㈱） | 40 社 |
| 第 5 回 | 2019 年 | 生鮮食品に特化した EC サービス（クックパッド㈱）<br>低価格なインフラマネージドホスティングサービス（GMO ペパボ㈱） | 33 社 |
| 第 6 回 | 2020 年 | 部屋の時間貸しサービス（㈱tsumug）<br>デジタルヘルスケアのプラットフォーム（㈱メディカルノート） | 24 社 |
| 第 7 回 | 2021 年 | 世界最大の VR マーケットサービス（㈱HIKKY）<br>登山地図 GPS アプリ（㈱ヤマップ） | 25 社 |
| 第 8 回 | 2022 年 | 楾縫プロジェクト（JUKI 松江㈱）<br>日本初のデジタルフォワーダー Shippio（㈱Shippio） | 22 社 |

出所：Ruby biz グランプリ実行委員会事務局

が期待できるビジネス事例，概ね 1 年以上ビジネスが継続されている国内外の事例，クラウドを利用した SaaS, PaaS, 単独パッケージ等の事例を対象にしている。

　審査基準のポイントは次の 4 点である。

①事業の成長性と持続性

② Ruby との関わり方

③事業の社会的な影響度（事業の実効性・インパクト）

④その他独自の特色ある事項，アピールポイント

　Ruby biz グランプリ実行委員会事務局は，島根県庁内（産業振興課情報産業振興室）に置かれている[10]。表 3-8 に大賞受賞の内容を示している。2022 年に，地元企業で初めて工業用ミシン製造の JUKI 松江㈱が大賞を受賞した。同社は Ruby を実装した軽量のプログラミング言語 mruby/c を活用してミシ

---

10 Ruby biz グランプリの Web サイト https：//rubybiz.jp/ （閲覧日 2023 年 3 月 4 日）。

ン本体の機能を制御する補助装置を開発したことが高く評価された。

　前述した Ruby Prize で表彰経験を持ち，大賞を過去から眺めてきた前田剛氏は Ruby ビジネスの拡大を次のように語っている。

　　　ここ4〜5年の大賞は受賞内容のレベルが高くなった。ビジネスで成功している事例は高く評価されている。（前田剛氏）[11]

　受賞内容を分析することにより，地元企業に何かしらの示唆や機会がもたらされることが期待されている。

### 〈松江オープンソース活用ビジネスプランコンテスト〉

　松江オープンソース活用ビジネスプランコンテストは，幅広い業界・分野の人々にオープンソースソフトウェア（OSS）の情報を提供し，それを活用したプランを事業化・起業化へ繋げることを目的として 2009 年から毎年実施されている。しまね OSS 協議会と松江市が主催している。コンテストを通じて，Ruby そして OSS の活用のメッカとしての松江のプレゼンスを上げること，応募プラン・受賞プランと企業との具体的なビジネスマッチングや人的ネットワーク形成の機会となることが期待されている。

　ビジネスプランの募集は，ビジネス活用部門と学生部門に分かれる。ビジネス活用部門は，OSS を活用したビジネスに関心のあるプログラマ，エンジニア，経営者，研究者等を対象にしている。学生部門は，OSS を活用したビジネスに関心のある学生（高校生，高専生，大学生，大学院生）を対象にしている[12]。

　すでにコンテストが 15 回実施されていて，プランの受賞・応募状況を表3-9 に示している。第4回目以降から応募数が増加し，特に学生部門への応募が毎回ほぼ 50 件を超えている。たとえば，松江工業高等専門学校学生は第 12

---

11 前田剛氏（ファーエンドテクノロジー(株)・代表取締役）へインタビュー実施（2022 年 7 月 29 日）。

12 松江オープンソース活用ビジネスプランコンテストの Web サイト https://www.shimane-oss.org/biz-contest2020/index.html （閲覧日 2022 年 7 月 24 日）。

表 3-9　松江オープンソース活用ビジネスプランコンテストの受賞・応募状況

| | | ビジネス活用部門 | | 学生部門 | | 合計 |
|---|---|---|---|---|---|---|
| | | 最優秀賞 | 応募数 | 最優秀賞 | 応募数 | 応募数 |
| 第 1 回 | 2009 年 | 音声通信によるマルチキャスト配信サービス | 11 | ペットシッター・サービス | 12 | 23 |
| 第 2 回 | 2010 年 | 日本酒ポジショニングマップ製作 | 8 | 当直ドクターなび | 17 | 25 |
| 第 3 回 | 2011 年 | アンドロイド端末で持ち歩くデジタルカタログ | 7 | 心に響く only your hands | 29 | 36 |
| 第 4 回 | 2012 年 | まんがじん | 16 | NXTDrive | 60 | 76 |
| 第 5 回 | 2013 年 | AR を利用した知育玩具およびサービス | 13 | まっちこ | 55 | 68 |
| 第 6 回 | 2014 年 | 住環境プラットフォーム | 8 | 婚姻届から始まる県外観光客誘致 | 64 | 72 |
| 第 7 回 | 2015 年 | 3DCG アニメーション創作プラットフォーム | 11 | ミマモリーバイ | 73 | 84 |
| 第 8 回 | 2016 年 | おみやげで松江の観光振興 | 7 | 模型用簡単 LED 電飾システム | 71 | 78 |
| 第 9 回 | 2017 年 | 打上花火と連携させた LED ライトアップシステム | 9 | スマホでメニュー | 48 | 57 |
| 第 10 回 | 2018 年 | Redmine for business | 9 | きばんか | 54 | 63 |
| 第 11 回 | 2019 年 | テストバンク | 12 | クラッチ | 53 | 65 |
| 第 12 回 | 2020 年 | 先輩移住者サーチ | 10 | Projection Mapping-SHOP | 46 | 56 |
| 第 13 回 | 2021 年 | ハサップノート | 11 | みんなでつくるネイルレシピ集 | 52 | 63 |
| 第 14 回 | 2022 年 | 工場内ストリートビュー型視認システム | 4 | 発声サポートアプリ | 107 | 111 |
| 第 15 回 | 2023 年 | Grand Closet | 8 | Koekake | 67 | 75 |

出所：松江オープンソース活用ビジネスプランコンテスト実行委員会

回の学生部門最優秀賞を受賞，島根大学総合理工学部の産学官連携講座「システム創成プロジェクト」では学生に応募を呼び掛けていて，直近では第 15 回の学生部門最優秀賞，ビジネス活用部門優秀賞を受賞している[13]。ビジネスプランコンテストは，若者の OSS に対する関心を高めるよい機会となっている。

---

13 渡部徹氏（松江工業高等専門学校情報工学科・教授）へインタビュー実施（2023 年 2 月 28 日）。廣冨哲也氏（島根大学総合理工学部・教授）へインタビュー実施（2022 年 10 月 21 日），島根大学の Web サイト http://www.shimane-u.ac.jp/ （閲覧日 2023 年 3 月 30 日）。

## 5 − 5.　県外の会議・研究会への参加等

　県外で開催されている IT 分野のカンファレンスは多岐にわたる。松江のエンジニアは Ruby 関連に絞れば，年次イベントの Ruby Kaigi や各地で開かれる地域 Ruby 会議などに参加している。また，オープンソースソフトウェア（OSS）の関連では，各地のオープンソースカンファレンス等に継続して関わっている模様である。

　　　県外の各地で開催されるオープンソースカンファレンスに参加したり，講師として登壇したりしてきた。閉会後の懇親会を通じて県外のエンジニアなどと交流を深め，松江での講師を頼むこともあった。（きむらしのぶ氏）**143**

　たとえば，山陰 ITPro 勉強会を主宰している岩石睦氏（ファーエンドテクノロジー（株）・取締役）も県外のカンファレンスに積極的に参加している 1 人である。

　　　県外の会議・研究会に出かけて運営事務局のキーパーソンと接触するようにしている。彼らの人脈を通じて勉強会の講師を紹介してもらうことも多い。また，講演を聞いたその場でスピーカーと直接交渉して勉強会の講師を引き受けてもらうこともある。（岩石睦氏）**15**

　県外に出かけて有用な情報に出合えば，それを地元にフィードバックするべく松江での講師を依頼する。県外情報に接する機会を広く作ろうと努めている人々の存在が産業振興プロジェクトの推進を支えている。

## 5 − 6.　オープンソースサロン

　インフォーマル組織のしまね OSS 協議会では，JR 松江駅前のオープンソースラボにおいて月に 1 回のペースでオープンソースサロンと呼ぶセミナーや研

---

14　きむらしのぶ氏へインタビュー実施（2022 年 10 月 27 日）。
15　岩石睦氏（ファーエンドテクノロジー（株）・取締役）へインタビュー実施（2022 年 9 月 8 日）。

**写真　オープンソースサロン**

出所：しまね OSS 協議会

究会を開いている。サロンでは，OSS に関わるエンジニア，研究者，経営者，ユーザーが自由に集い，県外の各分野のトップクラスの講演者と交流することによって，OSS のリテラシー向上をめざしている。

　2006 年 10 月に第 1 回目が開かれて以降，2023 年 3 月で 143 回の開催を数える。登壇した講師は，県外のエンジニア，大学教員，首都圏の経営者や研究者，海外の Ruby に関するキーパーソンなどさまざまである。地元の経営者，エンジニアなどが自由に参加でき，登壇者と，あるいは参加者同士で名刺を交換し合い，有用・無用な情報をやり取りするバズが行われている。特に，講演後に開かれる懇親会でのバズが強く意識され人気を得ている。受託開発中心の経営者にはよい刺激になっているし，エンジニアは新しい情報に気づかされることが多い。

　サロンが始まった初期の段階は技術分野に関する話題が多かったが，次第にビジネス分野へと変化してきている。自社製品を開発・提供しているビジネス事例など常に目新しく，情報的刺激のあるテーマを積極的に取り上げている。

　オープンソースサロンの地域内での認知度は高く，参加者は多いときは 40 名くらいになる。Ruby を活用する企業（クックパッド(株)），ロボットのペッ

パー（ソフトバンクロボティクス(株)），画像処理半導体の GPU（エヌビディア（合）：NVIDIA）などのように，新しい技術を開発した企業，時代の波に乗っている企業が登壇したときはサロンが大いに盛り上がる。

　サロンの特徴について，しまね OSS 協議会の事務局に携わってきた杉原健司氏（前島根県産業振興課／現 Welfamily(株)・代表取締役）や前出のきむらしのぶ氏は次のように述べている。

　　　オープンソースサロンは，新しい技術やビジネスの動向をテーマに取り上げて，県外から講師を招いているため，地元の関係者に「ときめき」の場を提供してきた。だからこそ，開催が 140 回以上と長期にわたって続いている。（杉原健司氏）[16]

　　　サロンは話を聞いて終わるのではない。講演，その後懇親会の流れが作られてきた。懇親会は事前予約なしで当日に参加者を募った。急な飛び入りも歓迎。こんな気楽なスタイルがサロンを継続させている理由の 1 つでもある。（きむらしのぶ氏）[17]

　また，きむらしのぶ氏は，サロンの参加者から次のような声をよく耳にするという。

　　　サロンは参加者に知識の刺激を与えてくれる。参加を通して自分にはない知識を持った人と知り合える。仕事とは関係なしに技術的な話ができる人とつながりが持てる。エンジニアが共通してぶつかる問題に対してどう解決したのか，懇親会などで本当の話が聞ける。（きむらしのぶ氏）[18]

　前出の前田剛氏や倉橋徹氏（(株)イーストバック・代表取締役）は自ら起業した経験から人のつながりを強調している。

---

16　杉原健司氏へインタビュー実施（2022 年 7 月 28 日）。
17　きむらしのぶ氏へインタビュー実施（2022 年 9 月 8 日）。
18　きむらしのぶ氏へインタビュー実施（2022 年 9 月 8 日）。

　ある IT 企業でエンジニアとして働いていたときに，オープンソースサロンの開設を知り，最初から参加してきた。そこで，IT 関係の経営者やエンジニアと知り合って，「こんなときはどうするのか」が聞けるような関係を築けたことは，後の自身の起業に大変役に立った。(前田剛氏)[19]

　しまね OSS 協議会の事務局に携わる中で，オープンソースサロンを通じてエンジニアだけでなく経営者と知り合ったことが起業につながった。サロンでは県外から進出した企業とも知り合えて，仕事で協働している。(倉橋徹氏)[20]

　人のつながりについていえば，対面に加えて SNS が活用されてきた。2007年に地域 SNS として松江 SNS，すぐに Ruby を用いた新松江 SNS mars を立ち上げた。その後，Facebook に置き換わったが，サロンで直接話せる機会があり，それに SNS を組み合せて使えるので人と人のつながりが促進された。つまり，リアルを重視した上にバーチャルを加えたので，つながりをいっそう強めた[21]。

　サロンの運営は，しまね OSS 協議会の事務局スタッフが担い，Ruby World Conference，オープンソースカンファレンス Shimane, Ruby biz グランプリなどにも関わっている産学官の約 10 名が担当している。彼らはカンファレンスから知り得た情報はもちろん，県外の企業やキーパーソンと接触して得た情報に注目している[22]。

　詳しくは図 3-2 で示しているように，テンポラリー・クラスター関連からの登壇者や受賞者・受賞企業は勿論のこと，島根大学プログラミング講座などで講師を務める県外のエンジニア，運営スタッフが持っている県外の人脈，松江に進出を決めた県外企業，また，松江市のワーケーション実証実験に参加してい

19 前田剛氏へインタビュー実施（2022 年 7 月 29 日）。
20 倉橋徹氏（(株)イーストバック・代表取締役）へインタビュー実施（2022 年 10 月 28 日）。
21 きむらしのぶ氏へインタビュー実施（2022 年 9 月 8 日）。
22 杉原健司氏へインタビュー実施（2022 年 7 月 28 日），きむらしのぶ氏へインタビュー実施（2022 年 9 月 8 日），福田一斎氏（松江市教育委員会・当時は市の産業振興課）へインタビュー実施（2022 年 10 月 26 日）。

図 3-2　オープンソースサロンのテーマ・登壇者選定の情報源

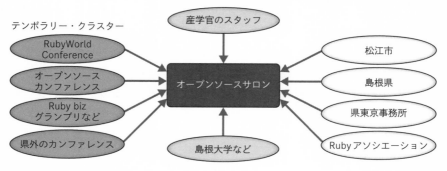

出所：各種情報から筆者作成

表 3-10　最近のオープンソースサロンのテーマと登壇者（オンライン開催を除外）

| | | テーマ | 登壇企業 | 関連性の有無 | | |
|---|---|---|---|---|---|---|
| | | | | RubyWorld Conference | biz グランプリ | 当時の最新情報 |
| 2017年度 | 第111回 | 参加型デザイン（共創）による社会価値創造の現場 | NEC ソリューションイノベータ㈱ | | | ○ |
| | 第112回 | IT と人型ロボット Pepper による認知症リハビリテーション支援 | エクスウェア㈱ | | | |
| | 第113回 | HPC，AI など GPU 活用の最新情報 | エヌビディア(合) | | | ○ |
| | 第114回 | オープンソースのアニメ制作ソフト Open Toonz | ㈱ドワンゴ　ほか | | | ○ |
| | 第115回 | 過去の経験をもとにした営業の考え方 | ㈲バリティクラブ | | | |
| | 第116回 | Debian Updates | 京都大学大学院理学研究科 | | | |
| | 第117回 | 富士通の Linux 開発と Linux Foundation | 富士通㈱ | | | ○ |
| | 第118回 | Ruby の 1/4 世紀・年表版 | 日本 Ruby の会 | | | |
| | 第119回 | 最新事例から学ぶロボット革命 | ソフトバンクロボティクス㈱ | | | ○ |
| 2018年度 | 第120回 | 島根 Lab について | ㈱パソナテック | | ○ | |
| | 第121回 | 固定電話網から IP 網への移行：利用者からみた課題 | 駒澤大学 | | | |
| | 第122回 | モノシリックとマイクロサービス | ㈱オプティム | | | ○ |
| | 第123回 | 高専プロコンの紹介 | 松江高専 | | | |
| | 第124回 | フードロスを削減するサービス TABETE | ㈱コークッキング | | ○ | |
| 2019年度 | 第125回 | なぜ高専か，なぜ松江か—とある保護者の視点から | サイボウズ㈱ | | | |
| | 第126回 | グロービスの DX を牽引した Ruby 活用事例 | ㈱グロービス | | ○ | |
| | 第127回 | 自費出版を支える技術 | エクスウェア㈱ | | | |
| | 第128回 | 2019 年の海外テックカンファレンスを振り返る | ㈱モンスター・ラボ | ○ | | |
| | 第129回 | ROS を用いた自律走行の取り組み | 島根県産業技術センター | | | |

出所：しまね OSS 協議会資料をもとに筆者作成

る企業など松江市や島根県の業務・事業と接触のある県外企業，県の東京事務所や地場 IT 企業が持っている首都圏でのネットワーク，Ruby アソシエーションが行うビジネスセミナーなどが情報源である。それらから OSS のリテラシーを高めるような適切なテーマや登壇者を選んでいる。

　たとえば 2018 年度の Ruby biz グランプリで言えば，(株)コークッキングがフードシェアリングのプラットフォームで大賞を受賞している。また，(株)グロービスはグランプリへエントリーしている。表 3-10 で示したように，両社はその後のオープンソースサロンにおいて，フードロス削減((株)コークッキング)，自社の Ruby 活用((株)グロービス)の視点から講演を行い地元と交流を図っている。また，(株)あしたのチームは 2017 年度の Ruby biz グランプリの大賞受賞をきっかけに，松江市にオフィスを設けてサロンなどとつながりを持った。

　また，表 3-10 の中で当時の最新情報の項目を表示しているように，幅広い情報源を活用して新しい技術を開発した企業，時代の波に乗っている企業など，その時々の最新情報を取り上げてきた。

　以上，松江市（島根県）の Ruby City MATSUE プロジェクトにおけるカンファレンスなどテンポラリー・クラスターの開催の状況，それらの情報を地域内へ伝搬させる場の運営について記述した。

　なお，本文中の関係者の所属・役職は断りのない限り，当時のものを記載している。また，第 5 節で使用した文献，資料等については，該当ページ下段の脚注に表記している。


# 第6節　考　察

　事例で取り上げた Ruby City MATSUE プロジェクトは，地域の資源の 1 つであるオープンソースソフトウェア（OSS）のプログラミング言語 Ruby を核とした産業振興である。ビジネス機会を創出し，Ruby の街の知名度向上の手段として，カンファレンスなどのテンポラリー・クラスターを継続して開催し

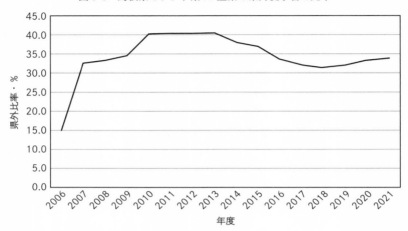

図 3-3　島根県のソフト系 IT 産業の県外従事者の比率

注）数値や県外従事者の定義については，図 3-1 の注）を参照。
出所：（一社）島根県情報産業協会『ソフト系 IT 業界の実態調査報告書』

　ている。そうした活動に応えるように，島根県のソフトウェア産業の売上高は
プロジェクト開始時の約 3 倍に増加し，一定の成果を生んできた。本節では，
「誰がどんなことを知っているか」を認識するトランザクティブ・メモリーと
テンポラリー・クラスターの関係に着目しながら事例を分析する。そして，仮
説の内容を吟味し意義などについて考察する。

　まず，記述した事例から市場とトランザクティブ・メモリーに対する意識に
ついてみてみよう。島根県のソフト系 IT 産業では従事者全体に対して県外従
事者の占める割合がコンスタントに 3 割以上を維持している（図 3-3 を参照）。
これはプロジェクトがスタートしてすぐに地場企業が，市場の受注情報・顧客
ニーズ・技術動向を収集するために，東京などにオフィスを設けて人材を配置
し，需要側とのコミュニケーションを密接に取ろうとしてきたことの表れであ
る。
　また，行政は県外の市場を念頭に支援を行っている。情報発信では，Ruby
情報を発信して県外からの来場者を受入れ相互の交流を活発化させるために

RubyWorld Conference の開催を支援し，Ruby を国内外に広く知らしめるために Ruby biz グランプリの顕彰制度を支援している。実践的な人材育成では，地場企業が行う県外のシステム開発案件の開拓・獲得に向けた提案・受注活動に対して，IT 技術者のコンサルティングチームを派遣するなどの支援をしてきた。

　このように産官が連携して県外の大市場に対し，誰が何を知っているのか，誰に働きかければ正統性とパワーを得られるのかを探索している。地域を越えた市場において影響力を持った適切な人を知るためのトランザクティブ・メモリーが地域レベルで強く意識されていることがうかがえる。仮説 1 の以下の内容は事例の記述の中で確認することができる。

　**「産業振興では，地域外部に存在する公式的でないトランザクティブ・メモリーに注目して，市場や技術に関して適切な人を知るよう努めることが重要である。」**

　次に，テンポラリー・クラスターについて事例を確認してみよう。事例の中で展開されているテンポラリー・クラスターの核となっているのはRubyWorld Conference である。（一社）Ruby アソシエーションが中心となって開催している国際会議である。ビジネス機会の創出と，「日本の Linux のふるさとが Ruby のメッカをめざす」をシンボルとする松江市の国際的な情報的影響力の向上を狙って，2009 年からスタートし毎年開催している。2022 年の開催は第 14 回目を数える。Ruby 関連技術の最新情報（たとえば，2020 年はRuby3.0 を発表）だけでなく活用事例など Ruby のビジネス環境に関する情報を発信している。

　世界的な著名人が基調講演をするなど国内外のスピーカーが登壇するため，IT 企業関係者の参加が多く，図 3-4 に示したように，開催年によっては県外からの来場者が県内を上回る状況がたびたびみられる。

　設営上，講演会場の隣には企業用のブースを設けている。そこでは，講演の合間に情報交換や立ち話しが行われる。また，1 日目の夜はレセプションを開いており，ここでも講演者と来場者間，来場者同士の情報交換が行われる。バズによる情報のやり取りが重視されている。

図 3-4　RubyWorld Conference の来場者（実数）の県外比率

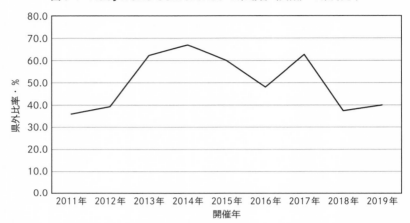

出所：RubyWorld Conference 開催実行委員会，（一財）Ruby アソシエーション事業報告書

　日本でのオープンソースの活性化を促すために全国主要都市で持ち回り開催されているのがオープンソースカンファレンスである。松江では 2008 年から新型コロナウイルス感染症が拡大する前年の 2019 年まで毎年開催してきた。県外からの参加が目立つカンファレンスで，開催前日は前夜祭，当日は閉会後に懇親会を設けて講師と来場者のバズによる交流を図ってきた。

　Ruby の特徴を活かして新たなサービスを展開している事例を顕彰する Ruby biz グランプリは，2015 年度から毎年実施している。ここでも，県外の受賞企業と地元の企業が交流し意見交換できる場を設けている。

　以上のように，地域の企業やエンジニアが県外からの登壇者，来場者，受賞企業と接触しバズを交わす機会を設けて，地域外部から積極的にトランザクティブ・メモリーを収集できるように取り組んでいる。同時に，それらを毎年継続することによって首都圏などに立地する企業や関係者が松江市を再訪する機会を拡げ，トランザクティブ・メモリーの蓄積につなげている。

　その結果，売上高だけでなく松江市や島根県内に進出する IT 企業が徐々に増加している（プロジェクト開始以降 45 件の企業進出）。つまり，当地域が準拠集団として Ruby の情報的影響力を着実に高めつつある。

　仮説2の内容は事例の記述の中で確認することができ，トランザクティブ・メモリーの獲得について次のように捉えることができる。

　**「トランザクティブ・メモリーに効率よく接触する方法の1つは，テンポラリー・クラスター（カンファレンスなど）を継続して開催すること，そして，当地域に集まった地域外からの参加者とバズを介して情報交換を行うことである。開催の継続は，情報的影響力のある準拠集団としての当地域の認知を高める。」**

　続いて，獲得した情報や知識の地域内への伝搬について事例をみてみよう。プロジェクトに関わる情報や知識をシェアする場として位置付けられているのがインフォーマル組織（しまねOSS協議会）によるオープンソースサロン（研究会）である。地域の関係者がオープンソースソフトウェア（OSS）のリテラシーを高めるために，地域外の各分野のトップクラスの講演者と交流を図る研究会である。駅前のオープンソースラボを活動拠点にして，組織の枠を越えた交流の象徴的存在になっている。

　2006年に第1回目が開かれて以降，2023年3月で143回の開催を数え地域の認知度は高い。地元の経営者，エンジニアが自由に参加して，登壇した講演者と，あるいは参加者同士で名刺を交換し合い，講演後の懇親会の場で有用・無用な情報交換であるバズが行われる。とりわけ，講演者を交えた懇親会でのバズが人気を得ている。

　サロンの運営は，産学官からなるスタッフが担当していて，さまざまな情報をもとに統合的，横断的な視点から適切なテーマ，登壇者を選定している（図3-5を参照）。情報源としては，RubyWorld Conferenceなど会議・研究会の登壇者や顕彰制度の受賞者・受賞企業は勿論のこと，運営スタッフが持っている県外の人脈，また，松江市や島根県の業務・事業と接触のある県外企業，県の東京事務所が持っている首都圏でのネットワークなどである。

　技術革新が急速に進むICT分野に関わる研究会という特性を踏まえて，サロンで取り上げるテーマは新しい技術を開発した企業，時代の波に乗っている企業など常に目新しく，情報的刺激のある話題である。

**図 3-5　オープンソースサロンの知識提供**

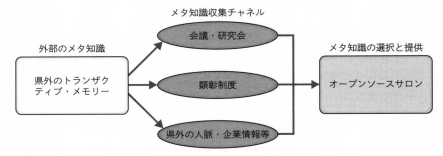

出所：筆者作成

　143 回開催されたオープンソースサロンの登壇者を分析した結果を表 3-11，図 3-6，表 3-12 に整理している。図 3-6 は，プロジェクトが始動し軌道に乗る 2013 年までと，消費税率が 8％に引き上げられて以降，新型コロナウイルス感染症拡大前の 2019 年までの 2 つの段階に分けている。

　トランザクティブ・メモリーとは「誰が何を知っているかを認識すること」であるが，「誰が」についてみると，表 3-11 では県外からの登壇者が 59％を占めている（特に，2013 年までの期間では 63％）。その中でも，企業の登壇者が多いことが確認できる。関係する人物を広く知る機会を作ろうとしたことが分かる。なお，2014 年以降をみると，県内の大学等が登壇する割合が増えている（図 3-6 を参照）。

**表 3-11　オープンソースサロンの登壇者の属性別コマ数（2006～2022 年）**

|  | 県外 | | | | 県内 | | | 合計 |
|---|---|---|---|---|---|---|---|---|
|  | 企業 | 大学等 | 団体 | その他 | 企業 | 大学等 | その他 |  |
| コマ数 | 83 | 23 | 10 | 9 | 41 | 41 | 4 | 211 |

注）1 演目を 1 コマと換算し，演目毎に登壇者の属性を分類している。登壇者が複数の場合は筆頭者の属性に基づく。
　　なお，演目が 1 つの開催回もあれば，演目が複数の開催回もある。また，同じ登壇者が複数回登壇する場合は延べコマ数で換算している。
出所：しまね OSS 協議会の「行事・お知らせ」をもとに，筆者が集計

## 図 3-6　オープンソースサロンの登壇者の属性別コマ数

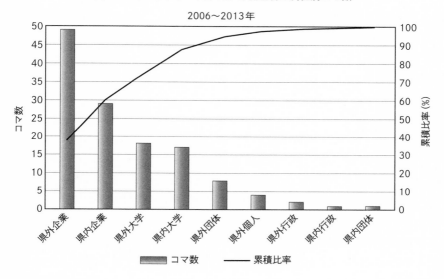

2006～2013年

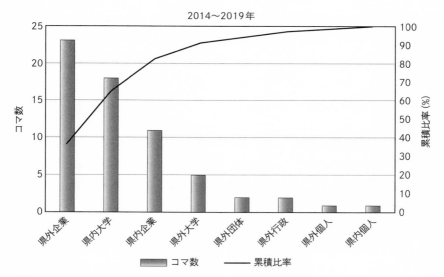

2014～2019年

出所：しまね OSS 協議会の「行事・お知らせ」をもとに，筆者が集計

表3-12　オープンソースサロンの登壇者の演目別コマ数（2006〜2022年）

| | 経営・事業 | 技術（OSS） | 技術（その他） | 報告会ほか | 合計 |
|---|---|---|---|---|---|
| コマ数 | 65 | 67 | 16 | 63 | 211 |

注）1演目を1コマと換算し，演目毎に分類している。OSSはオープンソースソフトウェアを指す。
　　なお，演目が1つの開催回もあれば，演目が複数の開催回もある。
出所：しまねOSS協議会の「行事・お知らせ」をもとに，筆者が集計

　「何を」に関して，表3-12の演目をみると，OSS技術や，経営・事業に関連する内容が多いことが分かる。

　オープンソースサロンは，地域の企業，エンジニア等の関係者に「誰が何を知っているか」を認識してもらう場として機能していることがうかがえる。つまり，地域のトランザクティブ・メモリーシステムの役割を果している。

　Rubyのメッカをめざすシンボルのもとに産学官のスタッフで運営されている開放的なサロンは，「誰が何を知っているのか」を知るためのコミュニケーションの結節点となっている。すなわち，地域を越えて存在するトランザクティブ・メモリーを統合的に捉え直して，OSSのリテラシーを高めるために必要なものを選択して提供する機能を担っている。

　「チームの持つトランザクティブ・メモリーシステムとパフォーマンスの間には正の関係があり，チームメンバーが外部とのネットワークを持っているときに強まる」（Heavey & Simsek, 2015）と指摘されるように，当地域のソフトウェア産業の発展はトランザクティブ・メモリーをシェアし合い活用した結果でもある。

　なお，第2節の既存研究のレビューにおいて人は当該知識とメタ知識を同時に獲得する（岩﨑，1994）と指摘した文献に言及したが，もちろん，当該知識とメタ知識の両方を知っておくことは重要である。ただし，その場合は対象範囲を狭めるなどの工夫が肝要であろう。個人の記憶には限界があり，企業を越えてシェアする知識に関しては，関係者全員が同じ内容を詳しく知るのではなく，「誰が何を知っているのか」を全員が知っておくことが必要である。トランザクティブ・メモリーのようなメタ知識だけでなく個別の詳細な知識内容をも知ることについては，関心を持つ個々の企業やエンジニアに任せる考え方のほうが，かえって，地域の限られた資源を有効に利用することにつながるだろ

う。オープンソースサロンは県外の誰が何を知っているのかを企業の枠を越えて地域として知る装置になっている。

　仮説3の内容は事例の記述の中で確認することができ，地域を越えて存在するトランザクティブ・メモリーは次のように捉えることができる。

**　「地域が得たトランザクティブ・メモリーを，統合的・選択的に地域内へ伝搬させるよう工夫する。参加者間のバズを重視し，情報的刺激のある内容に配慮した「場」を作れば，知識が拡がりやすい。」**


## 第7節　お わ り に

　本章では，メタ知識であるトランザクティブ・メモリーとカンファレンスなどのテンポラリー・クラスターの関係に着目しながら，次の仕組みについて理論的な検討を行い，事例分析と重ね合わせながら考察した。「産業振興において地域外部に存在するトランザクティブ・メモリーをどのような方法で獲得するのか，獲得した知識はどのようにして地域内へ伝搬させ企業を越えてシェアするのか。」

　トランザクティブ・メモリーに関する理論的な検討と産業振興に関連づけたテンポラリー・クラスターの事例分析を通じて以下の諸点を確認することができた。

　産業振興では，地域外部に存在する公式的でないトランザクティブ・メモリーに注目して，市場や技術に関して適切な人を知るよう努めることが重要である。

　トランザクティブ・メモリーに効率よく接触する方法の1つは，テンポラリー・クラスター（カンファレンスなど）を継続して開催すること，そして，当地域に集まった地域外からの参加者とバズを介して情報交換を行うことである。開催の継続は，情報的影響力のある準拠集団としての当地域の認知を高める。

　地域が得たトランザクティブ・メモリーを，統合的・選択的に地域内へ伝搬させるよう工夫する。参加者間のバズを重視し，情報的刺激のある内容に配慮

した「場」を作れば，知識が拡がりやすい。

　トランザクティブ・メモリーやトランザクティブ・メモリーシステムは学術的にも関心を集め，注目されている概念である。しかし，それは単一企業の中での1つの部署，ないしは複数の部署を対象にした議論であったり，研究であったりすることが多い。本章では，県外に存在するトランザクティブ・メモリーが企業間をまたいで地域産業全体としてシェアされること，その方法はICTに依拠したインターネット上のプラットフォームではなく，自由に集いバズも交わすフェース・ツー・フェースのコミュニケーションを基本とした場であること，そうした場は産学官からなる事務局スタッフによって運営されていて，ある意味で，地域の強い紐帯を築いていることが確認できた。

第 **4** 章

# 職場を越えてシェアされる経験知
## ──実践共同体の視点から──

# 第1節　は じ め に

　半導体の技術進化に呼応して情報通信技術（ICT）が社会の構造に大きな変化を及ぼしつつある。この中で，DX（digital transformation，デジタル変革）の推進に携わるエンジニアは，職場の内外を問わず，積極的に技術情報の収集や交換を行いながら技術のキャッチアップに努めている。そうした場の1つがIT勉強会である。

　一般的に，勉強会は特定のテーマのもとに非公式に行われる学習であり，自発的な参加者の集まりとして捉えられている。志のある人が主宰する場合は，ボランティアとしての色彩が濃くなる。非公式なので所属する職場を離れて，気楽に自由に参加できる。誰かから強制されるものではない。会社の外部で行われる勉強会は，会社という境界線を越えた越境の場となる。勉強会は学びを主体とするが，1つのコミュニティとしての側面もある。コミュニティは社会生活，つまり社会的存在の共同生活の焦点であり，地域性や共同性を含んだ空間でもある（MacIver, 1970）。

　通常，地域の産業を牽引するエンジン役がエンジニア層である。ICTのように新しい知識を頻繁に更新することが求められる分野ほど，それに携わるエンジニアは勉強会への関心を強める。たとえば，地域で勉強会が立ち上げられ，一定数の参加者を集めて継続的に開かれるならば，次第に地域に根付いていくだろう。紐帯の強さが加わる勉強会であれば，関係するエンジニアのスキルを高めるだけでなく，地域として知識の伝搬と共有，人材の育成を促進することもできる。

　ところが，IT勉強会についてみれば，ビジネスが東京に一極集中するように，多くが東京を中心にして開催されている。地方に自己研鑽の機会を設け，活力を生むのは容易でない状況である。

　そうした点も鑑みながら，本章では，地域の産業振興の担い手となるエンジニアの越境的な学習に注目する。彼らが職場内だけにとどまってしまわずに，職場外部に目を向けて異なる視点を持つことが自らの学習を促進し，ひいて

は，エンジニア間の知識の共有や円滑な関係構築に影響を及ぼすことを明らかにする。

　本章の構成は次の通りである。第2節で正統的周辺参加と実践共同体の理論をレビューし，第3節で勉強会への参加，知識の伝搬と共有について理解を深める。第4節でエンジニアの越境的学習の仮説を提示する。第5節ではオープンソースソフトウェア（OSS）に焦点を当てた松江市（島根県）の産学官によるRuby City MATSUE プロジェクトに関連した勉強会の事例を記述する。第6節で事例を分析し，仮説との関係や意義などについて考察を行う。最後の第7節では見出された発見事項を要約する。


## 第2節　正統的周辺参加と実践共同体

### 2－1．越境的な学習

　学習はフォーマル（公式な）学習（formal learning），インフォーマル（非公式な）学習（informal learning），ノンフォーマル学習（nonformal learning）に分類される（OECD, 2011）。

　フォーマル学習は，「目標設定，時間，資源の観点から設計された学習」である。たとえば，学校で行われる授業は公式な学習である。授業では学習目標が明確に定義され，教育課程によって学習内容が構造化されている。また，授業に必要な資源は国や地方自治体から保障される。一方で，学習の質の保証の仕組みが求められ，評価がなされる。

　インフォーマル学習は，「仕事，家庭生活，余暇に関連した日常の活動の結果としての学習」である。ノンフォーマル学習は，「学習として明確に設計されていないが，計画された活動に埋め込まれた学習」である。フォーマル学習とインフォーマル学習の中間に当たる。

　この中のインフォーマル学習は，生涯続く学習（life-long learning），生涯を拡げる学習（life-wide learning），生涯を深める学習（life-deep learning）の3種類に分けられる（Life Center, 2007）。とりわけ，「生涯を拡げる学習」に注目すると，これは新しい環境に適応する経験を通じてスキルの獲得や態度

変容をもたらす学習を指す。ここで得られた知識やスキルは他の状況に影響を
与え，直接積み重ねた経験は後々の方略に活かされる。

　「生涯を拡げる学習」に関連づけて言えば，実践共同体に参加する学習を挙
げることができよう（Lave & Wenger, 1991；Wenger, 1998；Wenger,
McDermott & Snyder, 2002）。実践共同体の定義は後述するが，簡潔に表せ
ば，体験学習を行う集まりである。実践共同体では「越境的な学習」がしばし
ば行われる。

　実践共同体が組織と組織の境界線を越えた場として形成されたり，別の実践
共同体と関わり合ったりする場合は，参加者は越境して学べる機会が持てる
（Wenger, 1998）。ここで越境，つまり境界線を越えるとは，公式組織の壁を
越えて別の実践共同体に実践や課題を持ち込み，課題を非定式化したり新しい
解決手段を創出したりすることである（佐伯・中西・若狭，1996）。

　越境的な学習の概念が注目されてきた背景には，仕事の性質上の変化があ
る。仕事の内容を分析したエンゲストローム（Engeström, 2004）は，協働構
成的な新しいタイプの仕事が生まれることを見出した。協働構成的とは，顧客
とパートナーシップを築き，継続的に対話をしながら，ニーズの変化に対応し
ていくことをいう。

　複数の病気を患った患者に対するメディカルケアの例で言えば，次のような
対応が求められる。1人の患者に1人の医師が治療に当たるのではなく，複数
の医師が患者と話しをし，相互に確認しながら治療を進めることになる。こう
した協働構成的な仕事では，既定の範囲をはみ出す越境が行われ，水平的な拡
張学習が発生する（Engeström, 2004）。

　特定の領域で体系的な専門知識のみを習得していく「垂直的な学習」に対し
て，部門を越え，組織を越えて視野を拡大し，問題を解決するのが「水平的な
学習」である（Engeström, Engeström & Kärkkäinen, 1995）。また，外部との
相互作用に焦点を置くのが拡張的学習である（Engeström, 2007）。

　前述の例は医療機関の組織内部における越境の現象を示したものであるが，
会社内の部門横断的な問題解決チーム／グループなども越境的な学習に当た
る。昨今は，企業・団体の境界を越えて組織的に学習し製品開発に取り組む
例，あるいは個人的に外部の活動に参加し自己研鑽する例も数多くみられる。

前者では，自前主義（Not Invented Here Syndrome）の弊害を防ぐ意味から
オープンイノベーションが注目を集めている。後者の身近な例では，業種や職
種，所属を問わず参加できる研究会，勉強会，異業種交流会などがそれに当た
る。

　所属する企業の境界を越えるという行動を個人と組織の観点で捉えたのが，
中原（2012）の越境学習の概念であり，次のように定義している。越境学習
は，「個人が所属する組織の境界を往還しつつ，自分の仕事・業務に関連する
内容について学習・内省すること」である。往還とは道を行き来すること，内
省は自分の考えや行動を深くかえりみることをいう。具体的には，仕事内容に
関連した研究会や勉強会など，組織の境界線を越えて開催される学びの場に参
加し，学習することである。

　なお，越境学習は学習研究の中では，ワークプレイス・ラーニングの一部と
して位置づけられる。ワークプレイス・ラーニングは，主に仕事での活動と文
脈において生じる人の変化と成長に焦点を当てた考え方である（Fenwick,
2001）。

## 2 - 2.　正統的周辺参加

　参加と学習に注目して，実践共同体の内容を深掘りする。まず，実践共同体
での学習は，認知的徒弟制が基礎になっている。ブラウンら（Brown, Collins
& Duguid, 1989）は，学習が実践の中で行われる過程を認知的徒弟制（cogni-
tive apprenticeship）として次のようにモデル化した。熟練者が新参者に，①
仕事をやって見せ（modeling），②実際に教え（coaching），③独り立ちでき
るよう支える（scaffolding），④その後，徐々に手を引いていく（fading），こ
れが一連の過程である。徒弟制の職場では，熟練者，中堅，新参者が目標に向
かって作業を分担し，共同して活動を行う。新参者は最初，軽い役割を与えら
れて共同体に参加する。そして，次第に共同体全体の活動を理解し，その一員
になっていく。

　レイヴとウェンガー（Lave & Wenger, 1991）は，徒弟制で見られるよう
に，関心を持った人々が参加しともに活動に取り組む学習を正統的周辺参加
（legitimate peripheral participation），そうした学習が行われる場のことを実

践共同体（communities of practice）と呼んだ。それぞれは次のように説明されている。

　正統的周辺参加とは，実践共同体への参加を深めるという軌跡の中で学習者の行動がどう変化するのか，つまり，マクロな視点から熟達化していく過程を捉えて学習プロセスを明らかにする概念である（Lave & Wenger, 1991）。実践共同体とは，あるテーマについて関心や問題，熱意などをシェアしようとする人々が，継続的な相互交流を通じてその分野の知識や技能を習得していく非公式な集まりをいう（Wenger *et al.*, 2002）。

　参加の概念は，認知と学習の状況や環境は切り離せないという議論において学習の中心に置かれ，また，心理学的に理解されていた熟達を，変化する社会学的文脈において提示している（福島，1995；高木，1996）。学習の枠組みは，参加に焦点を当てて，参加の初期状態を周辺的参加（peripheral participation），最終的な参加の状態を十全的参加（full participation）と呼んでいる。学習者が周辺から十全へと参加を深めていくにつれて，共同体メンバーとしてのアイデンティティを変容させ，それに動機づけられて実践共同体特有の技能や知識の学習を行う（Lave & Wenger, 1991）。特有の技能や知識は形式知とは異なる暗黙知を意味すると考えられる。参加とは学校の授業でなく実践的な活動に従事すること，正統性とはメンバーとして実践そのものに関わっていること，周辺性とは周辺から十全に至る過程の中での立ち位置の変化を指している（Lave & Wenger, 1991）。

　実践共同体へ参加するに当たっては，参加のあり方が学習に影響を与える。

表 4-1　5つの参加の軌跡

| | 説明内容 |
|---|---|
| 周辺軌跡 | 十全的参加者にならないが，共同体への参加とアイデンティティの形成に十分な実践を提供する。 |
| 向中心軌跡 | 周辺的参加から十全的参加者になることをめざす。 |
| 内部軌跡 | 十全的参加者になった後も，アイデンティティの形成を続ける。 |
| 境界軌跡 | 共同体の境界を橋渡しし，他とつなげる。 |
| 向周辺軌跡 | 共同体の外に向かって新しい関係を見出す。 |

出所：Wenger（1998）pp.154-155 の説明をもとに作成

エティエンヌ・ウェンガー（Etienne Wenger）は，正統的周辺参加の概念を具体化し，表 4-1 で示したように，実践共同体への参加軌跡として 5 つを挙げている。そして，それらが学習者のアイデンティティ形成と密接に関係することを指摘している（Wenger, 1998）。

## 2 － 3.　実践共同体と越境的学習

　実践共同体での学習はアイデンティティの形成を含んで関係論的に捉えられている。学習では，互いの貢献と信頼を基礎として人間関係のつながりを作り出すこと，言わば，共同体の一員であるというアイデンティティによる結びつきを重視している（McDermott, 1999）。アイデンティティは，個人の内部で形成されるのではなく実践共同体との意味の交渉の中で形成される（Lave & Wenger, 1991）。帰属意識は，特定の専門的な知識に対する関心に根差すとともに，自発的に参加して結びついたメンバー間の忠誠心として表れる（Wenger *et al.*, 2002）。学習者と実践共同体という場の関係において，学習者が場へ参加するという長期の関係がアイデンティティの形成に影響を与える（安川，2006）と考えている。

　重要な点は，実践共同体へ参加をしようとする学習者がいかにその共同体に正統性，ほんもの性を見出しているか，ということである。すでに述べた通り，正統性とはメンバーとして実践そのものに関わっていることを指す。一般的には，ほんもの性の認知が高ければ高いほど学習（つまり，実践共同体への参加）は促進され，そうしたほんもの性を認識するメンバーが多ければ多いほどその文化は世代交代によっても再生産される（田中・前田・山田，2010）。

　また，ウェンガー（Wenger, 1998）は，個人が同時に複数の実践共同体へ参加することによって形成するアイデンティティを多重成員性（multi-membership）という概念で説明している。個人は，通常，職場の他に，家庭や地域などさまざまな非公式の実践共同体に所属している。学習はこうした多重成員性を構成する各成員間を調整しながら 1 つのアイデンティティへと結んでいく過程であると考え，複数の実践共同体へ参加することを前提とした学習を提示している。

　人々が所属する組織を自発的に横断して集う実践共同体は非公式な集まりで

ある。この場合，参加者は同時に公式組織にも属しているため，公式組織と非公式な集まりが折り重なるような二重編み組織（double-knit organization）が構築される。こうした所属は学習のループ（loop，環）を生み出すが，ループは次のように形成される（Wenger *et al.*, 2002）。

「公式組織で職務を遂行する際に新しい問題に直面すると，その解決方法や関連する知識について探索する。その後，その経験や知識を非公式な集まりに持ち込んで意見交換し，問題解決に対する支援や手がかりを得る。再び，公式組織にそれを持ち込み，現実の問題に適用する。」（Wenger *et al.*, 2002）という循環である。非公式な集まりで得られた知識が公式組織に持ち込まれ，仕事の遂行や問題解決に役立てられ，その結果を再度，非公式な集まりに持ち帰りシェアし合うのである（松本，2012）。

非公式な集まりのほうが，公式組織よりも流動的かつ相互浸透的であり，外部者の出入りも容易である（Brown & Duguid, 1991）。こうした越境による集まりで得られる非規範的視点（non-canonical view）と，公式組織で重視されている規範的視点（canonical view）との間の差異によって学習が促進される（Brown & Duguid, 1991）。両者の相互作用について，ウェンガーら（Wenger *et al.*, 2002）は「公式と非公式の舞い（ダンス）」と表現して，「組織の要求」と「メンバーの願望」を組み合わせたさまざまな参加形態が活気を生み出すと指摘している。非公式な集まりの学習では，「周辺的な活動」が重要になるため，多様な形態で新参者を受け入れる（Wenger *et al.*, 2002）。それによって，新しい知識を認識し消化し同化するための吸収能力も向上する（Pattinson & Preece, 2014）。

公式と非公式間のやりとりの状況について，中西（2021）は状況横断という言葉を用いて次のように先行研究をレビューしている。状況や文脈の異質さと遭遇する状況横断，つまり，準拠する状況を越えることは，学習者に対してこれまで準拠していた状況の持つ「意味」とは異なる「意味」の存在を認知させる（石山，2018）。越境によって学習者は自らの視野を拡大し（Engeström *et al.*, 1995），それまでとは異なる視点（長岡，2015）や新しい考え方・方法の可能性に気づく（香川，2015）。実践共同体での異質な者同士の交流が生み出すコンフリクトも，また新たな学習の触媒となる（Ferguson & Taminiau,

2014）。

　ただ，ウェンガーの多重成員性の限界も指摘されている。「彼が言う多重成員性は各実践共同体における役割性というアイデンティティの複合体としてのみ描かれている。その複数のアイデンティティの調整を，参加する実践共同体との関係性ではなく，個人内の作業に押し込めている。」（杉原，2006）。この点は，ウェンガーの主張する状況的学習論と矛盾しているとされる。学習と実践との統合をめざす考え方の状況的学習論では，学習は学習者と周囲の人々や道具，コンテクスト，環境などとの相互作用の中で行われる社会的活動であり，学習者が一方的に知識を獲得する活動ではないと考えている（上野，1999）ところから生じる食い違いである。

## 2－4.　勉強会への参加

　徒弟制をモデルとした実践共同体は，その後拡張されて，活動の共有化やメンバーの結びつきが緩やかな概念へと変わっていった（Wenger, 1998；Wenger *et al.*, 2002）。たとえば，勉強会なども，実践共同体の例として挙げられている（Wenger *et al.*, 2002）。そこで，勉強会への参加についてみていこう。

　エンジニアは専門知識を高めるために，研究者，建築設計者などと同様に，学習する場を特定の組織に求めない（太田，1993）。そのため，自発的に勉強会に参加する例は多い。これは，技術習得に関してとる行動の1つでもある。書籍に著された内容は，形式知化されたドキュメントであり，使用説明書である。しかし，勉強会では，形式知だけでなく，ノウハウや暗黙知も含めて広く紹介される。それがエンジニアを惹きつける。

　勉強会に参加したり，主宰したりするメリットとして，以下の点が挙げられる。①知らなかった知識を得られる，②一人で勉強すると難しかった知識が得られる，③その道の専門家や同じような境遇の人と出会える，④主宰する場合は仕事では得にくい経験をすることができる。勉強会では，暗黙知として知識移転が難しかったノウハウなどが，人との交流によって緩やかに伝搬していく。また，主宰者としての経験は，コミュニケーションの取り方，プロジェクトの遂行の仕方など形式知としては得にくい経験をもたらしてくれる（吉岡，

2011）。

　勉強会活動がボランティアによって行われる場合は，講師は一般のエンジニアなどが務める場合が多く，講師料は発生しないか，発生したとしても薄謝程度である。したがい，参加費は無償ないし少額であり，自分の関心に沿った勉強会に参加しやすい。あくまで，「興味があるから参加する」というのが原則である（吉岡，2011）。

　たとえば，情報通信技術（ICT）のように技術進歩のスピードが速い IT エンジニアの例をみてみよう。IT エンジニアは，ソフトウェア工学によるシステム開発手続の標準化や，ソフトウェアの知識体系を知るだけでは不十分である。スキルを高めるために，業務を通じた体験学習と試行錯誤の繰り返しが必要である（McBreen, 2002）。技術進化がめざましい分野であるため，新しい形式知はもちろん，その裏側に隠れているノウホワイ（know-why）や背後の知識を知ることの意義は大きい。

　また，システムやソフトウェア開発の業界の構造からみると，上流工程を担当する大手企業では社内研修や外部研修の制度は比較的整備されている。しかし，下流工程を担当する中小企業の IT エンジニアの場合は，自ら外部に情報を求め必要な知識・スキルを身につけなければならない。特に，地方の企業のエンジニアほど，社外の勉強会への参加機会を探っている。

　IT 分野でいう勉強会は，エンジニアがそれぞれの技術を使ってシステム開発，ソフトウェア開発を行う際に，利用する技術の方法論を一緒に学ぶという認識のもとに開催される。ただし，参加者の間で，たとえば，ただ漫然と技術を学ぶのか，それとも勉強会を有効に活用するのか，聴講者として参加するのか，あるいは話題提供者として参加するのか，というように動機や態度には個人差があるとみられる（飯尾，2014）。

　また，IT 勉強会では実際に手を動かして試すハンズオンの学習法がとられることが少なくない。ハンズオンとは現場で実践するといった意味を表す言葉である。座学とは違って，行動や体験を通じて理解を深める方法を指す。パソコンを使ってプログラムを作成する勉強会の場合は，実地に触れて試行錯誤しながら知識やスキルを磨いている。

　飯尾（2014）は IT 勉強会に関して意見を述べたブログ記事に対するイン

ターネット上での反応を分析している。それによると，多くの IT エンジニアは勉強会そのものに意義を認めている。特に，技術のキャッチアップや，対象技術に関する人的ネットワークの構築などに価値を見出している。

## 第3節　経験知の交換を促す勉強会

　実践共同体の具体例である職場外の勉強会について，参加のきっかけ，参加による学習，知識の伝搬と共有の視点からその意味やあり方を検討する。ここでの勉強会は，ボランティアで行われる活動を想定している。

### 3－1.　参加のきっかけ

　参加とは，社会のメンバーが社会のシステム，またはその中のある単位（コミュニティなど）から何らかのアウトプットを得ることを期待して，システムや単位に対し特定のインプットを行う行動をいう（Almond & Verba, 1963）。社会参加の場合は自発的な団体や組織に関わって，そこで活動することである。活動の目的というよりもそのプロセスに注目して定義されることが多い。自発的とは参加が任意であることを指す（池田，2010）。

　実践共同体は，メンバー共通の関心・問題こそが求心力であり，存在意義でもある（Wenger *et al.*, 2002）。このため，あるテーマに対してそれらをシェアするプロセスは欠かせない活動であり，実践共同体に参加する主な動機となっている。感情や友愛の共有，孤独の解消も参加動機の1つであり，参加した実践共同体に心情をシェアできる仲間の存在を期待している（Hur & Brush, 2009）。

　これらの動機は，自分の関心と類似していることが魅力を感じる要因となり，その影響を受けている。人は，自分と態度の似た他者と似ていない他者が大勢いる中では，自分自身と類似しているほど「より魅力的な人である」と感じる（Byrne & Nelson, 1965）。その理由について，唐沢（2010）は，関係の維持のために払うべきコストが少なく，不快な経験をする必要がない点，心地よい感情が味わえる点を挙げている。

　ビジネス関連の実践共同体（コミュニティ）への参加に関する先行研究では，個人的なニーズの充足，他者からのフィードバック，楽しさが参加者のモチベーションとして議論されている（Antorini, Muñiz & Askildsen, 2012）。たとえば，技術進歩のスピードが速いICT関連の業界ではエンジニアの勉強会への参加意識が高い。特に，オープンソースソフトウェア（OSS）のコミュニティのように自発的に集う場合は，問題解決の必要に迫られてエンジニアが，自らのニーズを満たすために勉強会に参加する。一般的に，オープンソースを特徴とした技術の場合は，他者からのフィードバックが得やすいため，勉強会とは相性が良いとみられている。それは次の説明から理解できる。

　ベンダー（システム開発会社）の製品を使用する場合に，その製品の情報を得ようとすると，ベンダーの教育コースを受講するか，取り扱いマニュアルを読むか，サポートに問い合せるか，といった方法しかない。これに対して，OSSを使う場合は，リファレンスマニュアルに書いていないことや，体験したトラブルなど，勉強会の中で参加者が語る事例が大いに役に立つ。発表者にとっても，自分の経験をまとめることは仕事にも活かせる。また，質疑応答などを通じて発表者だけでなく，参加者にも新たな気づきが生まれる（吉岡，2011）。

　問題解決の必要性にかられる例は他の業界でも見られる。たとえば，市場や組織変革に対する危機感から社外勉強会の結成や参加が行われる。京都伏見の酒造産地では，技術者による企業横断的な実践共同体である非公式な勉強会（名称は酔狂会，酒考望）が立ち上げられた。既存の公式組織の技術者団体（名称は伏見醸友会）とは異なるものである。

　消費量の減少，喫緊の組織変革といった危機意識が，企業を越えて技術者間でつながりを持ち，相互に交流したいという動機づけになった。つながりを可能にしたのは，同じ科学的知識を共有している点，地理的近接性と産地での共同（同業者組合や組合内の技術者団体に参加）という下地があった点が挙げられる（田崎，2009）。つまり，技術者同士が効率よく，円滑にコミュニケーションをとるための共通基盤が存在したことが大きかった。

　一方，企業が主導して玩具製品を創り出すオンラインコミュニティについて分析を行ったジャンジクら（Janzik & Raasch, 2011）は，参加者にとって楽し

さが重要であるとし，次のように指摘している。「企業が主導する場合は，参加者は必ずしも個人的なニーズを満たしたいわけではないので，アイデアを引き出すために楽しさを与えるなどの動機づけが必要である」。企業主導の勉強会でなくても，楽しさの提供は留意すべき点である。

## 3 - 2.　参加による学習

　スファード（Sfard, 1998）は，実践共同体への参加という学習観を「参加メタファー」と呼び，学び手は知識の受け手であると捉えてきた従来の知識獲得メタファーと異なる概念を提起した。その概念では，学習は共同体に参加することであり，学び手は共同体に参加し，熟練者と一緒に活動し，対話を通じて学んでいくことをいう。知ることは知識を持つことではなく，共同体に参加し，そこで他のメンバーとコミュニケーションを交わすことだと考えた。

　実践共同体への参加については，徒弟制で見られるように従来から存在する共同体に正統的周辺参加と呼ばれる形で加わり，徐々に中心的メンバーとなっていく形態（Lave & Wenger, 1991）だけでなく，初めは半ば強制的に集められ何らかの業務に携わる中で共同体が形成され，自らもその一員（中心的メンバー）になる形態（長山，2012）が存在する。つまり，何らかの呼びかけに自らの意思で応じたり，呼びかけ人になったりする自発的な参加だけではない。また，前述したように，非公式な実践共同体は公式組織よりも流動的かつ相互浸透的であり，外部者の出入りが容易である（Brown & Duguid, 1991）。

　このように，実践共同体の参加者は多様である。多様性の利点として，異質なメンバーが集まることで均質なメンバーでは得られない新しい知識を得ることができる（Williams & O'Reilly, 1998）。特に，多様な職能のもとで異なる職能のメンバーが協働するならば，知識の獲得が促進されて効果的な内的統合が得られる可能性はある（Clark & Fujimoto, 1991）。創造性が求められる仕事の場合は，視点の転換が必要である。職能が違うメンバーの異なる様式に接する環境は，他者の視点を受け入れて新たな発想を生み出す（Bechky, 2003）。したがって，多様な職能による長所を上手く成果に結びつける工夫が重要になる（Joshi & Roh, 2009）。

　また，異なるという点に関していえば，物事を見るための異なる観点である

異見に出合うことで異質な認知的枠組みが確保できる。その結果，1つの現象を複数の枠組みから捉えることができ，さまざまな知識群が生み出せる（March, Sproull & Tamuz, 1991）。異質性を持った相手と相互作用し合う過程では，違った視点が得られて，より妥当な解を見出したり，相互の違いを統合するような機会がもたらされたりする（Jackson, May & Whitney, 1995）。

　荒木（2007）は自発的に参加する社外の勉強会について，参加者の年齢，勤務先，職種，専門領域のうち，3つ以上が異なる場合，多様な実践共同体と捉えている。そして，次のように指摘している。「参加者は多種多様な人々に出会うことによって，自分の仕事を自己説明したり，自社の常識を相対化したりする機会を得やすい」（荒木，2007）。また，職場だけでなく社外にも関わりを求める中堅・若手社員は，職場だけに関わりを求める社員よりも，視野の拡大においてより成長を実感している。さらに，自らの所属組織や仕事に関しても，より深い知見が得られる（荒木，2009）。

　場の変更を通じても，他の人に学び，新しい知識を生み出すことができる。アンタル（Antal, 2004）は，ある起業家が既存の作業スペースとは異なるオフィスを意識的に作り，組織的な責任にとらわれずに異なる人々との創造的な交流の機会を持つようにしたところ，新たな知識創造がもたらされたという事例を紹介している。

　しかしながら，多様性が高まるとメンバー間の社会的属性の類似性が低下する。このため，社会的偏見などによってコンフリクトが起きやすい（Williams & O'Reilly, 1998）。多様性がメンバー相互の情緒的魅力を減少させるならば，その減少を通して集団凝集性も低下してしまう可能性はある（Hogg, 1993）。留意すべきは，多様性のもたらすプラスの効果を引き出すとともに，マイナスの影響をいかに小さく抑えるかである。

## 3−3. 経験知の伝搬と共有

### 経験知の移転・伝搬

　エンジニアは技術・製品開発業務や品質改善業務と深く関わっている。そこで，まず，製品開発のプロジェクトを通して創造されるプロジェクト知識についてみていこう。製品開発は，知識・情報を統合して問題を解決していくプロ

セスを指す（Clark & Fujimoto, 1991）。

　青島・延岡（1997）は，プロジェクト知識を過程知識とシステム知識に分けて論じている。過程知識は，開発プロジェクトの過程で，技術開発の問題設定，試行錯誤などを直接経験したことによってのみ得られる知識である。つまり，時間的なコンテクストの中で意味づけられる。システム知識は，製品開発において専門分野ごとに蓄積された複雑な個別知識や個別技術を統合するための知識である。つまり，製品や組織のシステム構成というコンテクストの中で意味づけられる。

　プロジェクト知識は時間軸とシステム軸のコンテクストを組み合せているために，その多くは形式知化が難しい。通常，新しい製品開発で過去の技術を利用する場合は，その背後にある過程知識が必要になることが多い。なぜ，そのような設計になったのか，その過程を理解しなければならない。形式知化された知識としてのみ残っていると，活用するのが難しい。そのため，なぜその技術や設計が特定のアウトプットとして創造されたのかというノウホワイ（know-why）を蓄積し他のエンジニアへ移転する必要がある（青島・延岡，1997）。

　製品の設計では，個々の部品に関する知識だけでは不完全である。関連部品や，場合によっては製品システム全体としてのバランスに関する知識が必要になる（Aoshima, 1996）。知識のシステム依存度と呼ばれる複雑さ（Winter, 1987）がシステム知識の特徴である。

　知識が形式知化されずに暗黙的である場合，たとえば，直接の体験から得た経験知は，その知識の蓄積のために内容を形式知化しようとすると，簡単ではなくコストを要する。暗黙のまま他のエンジニアへ移転するならば，受け手は新しい知識を吸収する行為になる。つまり，関連した知識を過去に受け入れたかどうかの経験によって形成される吸収能力が問題になる（Cohen & Levinthal, 1990）。

　受け手の吸収能力が低いとコストがかかる。また，受け手が知識を活用する意欲が低いと，移転されにくい（椙山，2001）。加えて，経験知を保有する送り手と受け入れる受け手の間のコミュニケーションのあり方も移転に影響を与える（von Hippel, 1994）。

　次に，品質改善に関わる小集団活動についてみていく。牧野（2000）は狭義の経験知の伝搬の場として小集団活動を取り上げている。狭義の経験知とは，通常の作業や作業改善の経験によって案出された，あいまいで断片的な知識である。暗黙知と類似しているが，領域が狭く作業ノウハウに限定されたものである。こうした狭義の経験知が組織のメンバー同士のコミュニケーションによって他のメンバーへ伝達・交換される過程を経験知の伝搬と呼んでいる。経験知の伝搬によって複数の狭義の経験知が組み合わさり，具体的な改善ノウハウとして表現されたものが広義の経験知となる。つまり，形式知に当たる。

　本章では，牧野（2000）の枠組みを参考にして，狭義の経験知の伝搬の場を勉強会と捉える。また，製品開発で言及される経験知や品質改善で表現される狭義の経験知は，「経験知」として統一して使用し，経験によって直接体得した暗黙の知識，スキル，ノウハウを意味する。

## サードプレイスからの視点

　第2節4項で述べたように，実践共同体としての勉強会の特徴の1つが形式知よりも暗黙的な経験知を学びシェアすることである。この点に重きを置けば，勉強会では経験知を受け入れる下地を作る必要があり，活動を続ける中で伝搬に適した学習環境を保持することが重要になる。それには，勉強会活動の継続性が求められ，参加者を惹きつけ活動に参画させ続ける何かが必要である。そこで，勉強会同様に非公式な環境を意味するサードプレイスに注目する。

　人には3つの居場所がある。第1の居場所は家，第2の居場所は職場，第3の居場所は役割から解放され公式ではない個人としてくつろげる場所である。第3の場所（サードプレイス，third place）とはオルデンバーグ（Oldenburg, 1989）が「非公式な公共生活の中核的環境」と定義した居心地の良い交流の場所を指す概念で，「生来の知恵を磨く本物の錬成所」としても表現される。

　オルデンバーグ（Oldenburg, 1989）はサードプレイスの特徴について次のように述べている（表4-2を参照）。それは①中立の領域，②人を平等にする，③会話が主な活動，④近所にあり利用しやすい，⑤常連がいる，⑥雰囲気に遊び心がある，この6つである。中立の領域とは，職場でも家庭でもないところを意味する。人を平等にするというのは，職場や家庭などの関係や世俗の地位

表 4-2　サードプレイスの特徴

| | 内　容 |
|---|---|
| 中立の領域 | 職場でも家庭でもないところ |
| 人を平等にする | 職場や家庭などの関係や世俗の地位から切り離され，誰でも平等になれ，受け入れられること |
| 会話が主な活動 | 会話を促進するルールを守ること |
| 近所にあり利用しやすい | そこに行けば誰かと話しができるという通いやすさ |
| 常連がいる | 新参者が加わりやすいように周辺的参加を導くこと |
| 雰囲気に遊び心がある | 楽しい雰囲気を作ること |

出所：Oldenburg（1989）の説明をもとに作成

　から切り離され，誰でも平等になれ，受け入れられることを指している。会話が主な活動であるため，会話を促進するルールを守ることが求められる。近所にあり利用しやすいとは，そこに行けば誰かと話しができるという通いやすさである。常連の存在は，新参者がそこに加わりやすいように周辺的参加を導いてくれる。雰囲気に遊び心は，楽しい雰囲気を作ることを意味している。

　また，サードプレイスから個人が受ける恩恵について，①目新しさ，②人生観，③心の強壮剤，④社交性のパラドックス（逆説），の4つを挙げている（Oldenburg, 1989）。目新しさは日常における刺激という意味である。多種多様な人々が集うこと，人々の会話能力が高く会話が変化に富むことから，常に刺激がある。人生観については，人生経験豊かな人々の集合知から助言が行われ，ユーモアによって異なる視点がもたらされる。心の強壮剤は，居心地の良さによって集う人々を元気にする。社交性のパラドックスは，公式と非公式の社交のパラドックスを解消する装置であり，公私の別なくそこに集う人々と友人関係を拡げることができる。

　サードプレイスでは，新しい発想との出会いや普段は出会えない多様な人との対話を通じて刺激が得られる（石山，2015）。また，楽しい雰囲気，居心地の良さに加えて，中立，平等，公私の区別のない環境のもとで，意見交換や自己表現ができる。

　長岡・橋本（2021）は人材育成における組織外の活動を「非公式・公式」，「職場外メンバー・職場メンバー」の2軸で分類し，「非公式の職場外メンバー

との活動」がサードプレイスであると捉えている。そして，「非公式な空間」としてのサードプレイスは，強制されない自由が保持された空間である以上，職場とは関わりのない活動が行われる場でなければならない。非公式な活動の場となることで，自らの知的好奇心の赴くまま活動に取り組むことができ，経済合理性とは異なる価値観に依拠した学びや充実感が得られる点を強調している。

　実践共同体での学習は，前述した通り，アイデンティティの形成を含んで関係論的に捉えられていて，人間関係のつながりを作り出すこと（McDermott, 1999），さまざまな参加形態で新参者を受け入れること（Wenger *et al.*, 2002）を重視している。また，非公式な実践共同体のほうが，公式組織に比べて，知識共有に与える影響は大きいことが指摘されている（Jeon, Kim & Koh, 2011）。実践共同体は参加者が多様であるが，その人間関係が築かれるという意味では，サードプレイスと類似している。

　勉強会がサードプレイスの役割に配慮することは，中立，平等，会話の点から参加しているメンバーの心理的安全性を高める可能性があると考えられる。心理的安全性とは，率直に発言したり懸念や疑問，アイデアを話したりすることによって生じる対人関係のリスクを，人々が安心して取れる環境のことをいう（Edmondson, 2019）。意見の衝突が起こる場合でも，心理的安全性が高ければ，チームメンバーは互いの意見に耳を傾けて，意見の相違から新しい価値を学習できる。しかし，心理的安全性が低い場合はあまり学習が行われない（Edmondson, 2019）。特に，心理的安全性は勉強会の参加者の多様性がもたらす逆機能に対して，考え方がシェアできる雰囲気を思い切って作り出し有効に作用するとみられる。

　サードプレイスの遊び心に関連して言及すると，一般的に参加に際して楽しさを提供することができれば動機づけできる（Janzik & Raasch, 2011）。なお，楽しさは活動に没入しているときに人が感じる連続した流れ（フローと呼ばれる）の経験の中で起こると考えられている（Csikszentmihalyi, 1990）。

　勉強会がサードプレイスの遊び心という非規範的な点に配慮するならば，経験知の伝搬をさらに内発的に動機づけて，アイデンティティの形成を含めた学習を促進するものと期待される。また，にぎやかな雰囲気を作り出せれば，新

しいメンバーも参加しやすくなる。

# 第4節　越境的学習仮説の提示

　地域のエンジニアは産業を牽引するエンジン役であり，勉強会を通じて科学的知識（形式知）とともに，経験知をエンジニア間で伝達・交換し合い，シェアすることが期待される。本節では，エンジニアの越境的学習に関して考えられる仮説を提示する。

　改めて，本章の理論的な背景をなす越境的学習，実践共同体，正統的周辺参加に関する概念を確認するとともに，「勉強会とその参加」について定義する。

　越境的学習は，「個人が所属する組織の境界を往還しつつ，自分の仕事・業務に関連する内容について学習・内省すること」である（中原，2012）。学習の場となる実践共同体は，「あるテーマについて関心や問題，熱意などをシェアしようとする人々が，継続的な相互交流を通じてその分野の知識や技能を習得していく場」である（Wenger *et al.*, 2002）。学習のプロセスを述べた正統的周辺参加は，「実践共同体への参加を深めるという軌跡の中で学習者の行動がどう変化するのか」を重視している（Lave & Wenger, 1991）。

　勉強会とその参加とは，実践共同体，正統的周辺参加の概念を加味して，次のように定義する。本章が対象とする勉強会は，「地域の有志がボランティアで立ち上げて主宰する勉強会を指す。そこでは，自発的な参加を基本とし，仕事や関心に応じた実践的な学びが提供される。所属する公式組織にとらわれることなく誰でも自由に参加できる。」

　最初に，エンジニアと勉強会の関わりについて，第3節までの議論を踏まえながら論点を整理する。専門知識・スキルを高めようと考えるエンジニアは，学習する場を特定の組織に求めない。このため，会社外部の勉強会であっても関心に応じて自発的に参加しようとする。特に，社内研修制度が整っていない地方企業や中小企業のエンジニアほど，外部の勉強会への参加機会を探っている。技術進歩が著しい分野であるほど，新しい科学的知識（形式知）はもちろん，その裏側に隠れているノウホワイ（know-why）や背後の知識を知ること

の意義は大きい。また，技術のキャッチアップだけでなく，それに関連する人的ネットワークの構築も意識されている。

　人は自分自身と類似しているものにより魅力を覚えやすいため，エンジニアが勉強会のテーマや内容に対する関心・問題に共感するほど参加への魅力を感じるとみられる。また，心情をシェアできる仲間の存在を期待する部分もあろう（Hur & Brush, 2009）。情報が大都市に偏在する中で，地域において会社の境界線を越えて自発的に参加できる学びの場が開かれるならば，相互交流を通じて知識の共有が促進され，仕事への応用の可能性を高める。したがって，次のようなエンジニアと勉強会の関わりが指摘できる。

## 【仮説1】
　エンジニアは仕事への応用や発展性を感じる勉強会に対し，会社を越えてでも参加して，他のメンバーと関心や問題をシェアしながら一緒に学ぼうとする。

　次に，勉強会への参加による学習について考えてみよう。非公式な勉強会のメンバーは同時に公式組織に属している。あるいは，複数の非公式な勉強会に所属する場合も少なくない。複数に参加して形成されるアイデンティティを指す多重成員性の概念を考慮すると，多重に参加することによって，公式と非公式間，あるいは複数の勉強会間を巡る知識の活発な循環的学習が行われる。

　本節の勉強会の定義に沿うと，会社を越えた勉強会では，実践共同体の正統的周辺参加と同様に，参加者をさまざまな形態で受け入れる。新メンバーの参加は勉強会の固定化を防ぐ―たとえば，学習を刺激し促進する―可能性がある。

　多様なメンバーが集い，同質ではないメンバーと相互に作用し合う過程では，自分とは異なった視点に気づくことが多い。その結果，より妥当な解を得たり，相互の違いを統合するような新しいアイデアを得たりする。総論として，エンジニアは勉強会のテーマや内容に対する関心・問題に共感を覚えるのであるが，各論としては会社を越えて集まるメンバーの多様性が，それまで自社内だけに限定されていた学習の環境を変えることになる。多様な参加者によって学びの環境や状況が変化することが，学習効果に何らかの影響を及ぼす

可能性はある。したがって，次の仮説を提示する。

## 【仮説2】

　多重参加や新たな参加者による勉強会メンバーの多様化が，それまで自社内に限られていた学習環境を変えて，エンジニアのスキルに影響を与える。

　続いて，経験知の伝搬と共有に必要とされる勉強会の継続性の条件を考えてみよう。製品開発に関わるプロジェクト知識は，過程知識とシステム知識から構成される（青島・延岡，1997）。プロジェクト知識は時間軸とシステム軸のコンテクストを組み合せているために，その多くは形式知化が難しい経験知である。また，品質改善に関わる知識も経験知である。

　勉強会の特徴の1つが経験知を学び，皆でシェアすることである。それには，一般的に，新しい知識を認識し，消化して同化する吸収能力が求められる。勉強会では，そうした吸収能力を向上させながら経験知の伝搬や共有に取り組むのだが，習得には時間を要する。そのため，勉強会を継続させつつ，時間軸で学習を重ねることが重要になる。

　実践共同体での学習は参加者間の関係やつながりを作り出すというアイデンティティの形成を含んで関係論的に捉えられている。このため，勉強会も比較的長期の関係で捉え，居心地の良い交流の場であるサードプレイスを意識する必要があろう。中立，平等，会話のしやすさに配慮するならば，参加するエンジニアの心理的安全性を高めることができる。そうした安全性が，メンバーの多様性によってもたらされるコンフリクトや集団凝集性の低下などのマイナス面の影響を小さく抑え込む働きをする。また，目新しさや遊び心という非規範的な点をとり入れれば，経験知の伝搬をさらに内発的に動機づけてエンジニアのアイデンティティの形成を含めた学習を促進することが期待される。

　勉強会がサードプレイスでもあることによって継続を可能にし，多様なメンバー間の交流を深めて関係構築を促進する。そうした関係が経験知の伝搬や共有にも影響を与える。したがって，以下のような仮説を示す。

**【仮説3】**
サードプレイスとしても認識される勉強会では，エンジニアは互いの状況を理解し合うことが，人的なつながりを促進する。また，相互の理解や関係が経験知の共有に影響を与える。

## 第5節　事例の記述

松江市（島根県）の Ruby City MATSUE プロジェクトに関連した自発的な IT 勉強会の活動について記述する。

### 5−1．島根県ソフト系 IT 産業のエンジニア

Ruby City MATSUE プロジェクトのスタートに当たり，関係者が交流する場としてオープンソースラボが JR 松江駅前に開設された。同時にそこを拠点に活動するインフォーマル組織としてしまね OSS 協議会が発足し，オープン

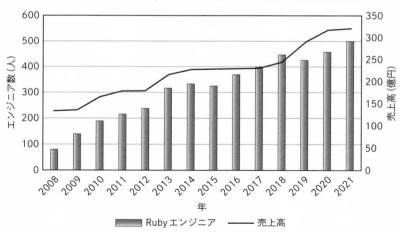

図4-1　島根県の Ruby エンジニア数とソフト系 IT 産業の売上高

注）売上高，Ruby エンジニア数は島根県情報産業協会が会員企業などを対象に調査した数値である。
出所：（一社）島根県情報産業協会『ソフト系 IT 業界の実態調査報告書』

ソースサロンを定期的に開催した。このサロンは地域のオープンソースソフトウェア（OSS）のリテラシーの向上をめざして，関係する分野のトップクラスの県外の人々を講演者に招き，地域の経営者，エンジニアと交流を深める研究会である。

　オープンソースサロンの開催に触発されたエンジニアの有志が，それまで松江になかったボランティアのIT勉強会を次々と立ち上げた。こうして結成された非公式な学びの場に，共通の問題意識を持ったエンジニアが職場を越えて次々と参加している。

　図4-1はプログラミング言語Rubyにかかわっている島根県のエンジニア数を示している。ソフト系の売上高の伸びに合わせて，エンジニアが増加を辿っている状況が確認できる。現在，500人に達している。

　本節では，自発的に立ち上げられたIT勉強会について，職場の境界線を越えた越境学習の観点からその活動を個別に観察し記述していく。

## 5 − 2.　IT 勉強会の概況

### IT 勉強会がスタート

　2008年に，IT分野では松江で初めてとなる勉強会「Matsue. rb（まつえるびー）」が発足した。プログラミング言語Rubyを中心にOSSに関する新しい発見や学びをシェアできる場を提供し続けることを目的とした。Ruby関連の業務に携わってきた高尾宏治氏（(株)ネットワーク応用通信研究所・上級研究員）が発起人であり，スタート時の状況を次のように語っている。

　　　Ruby City MATSUE プロジェクトが勉強会発足の大きなきっかけになった。最初，会社の中で勉強会を作りたいと提案したところ，上司から「それよりも，社外の人々を対象にして松江駅前のオープンソースラボを拠点にやってみてはどうか」とアドバイスをもらった。その言葉に賛同して，Rubyの勉強会を主宰し地域のエンジニアを盛り上げたいと考えた。（高尾宏治氏）[1]

---

1　高尾宏治氏（(株)ネットワーク応用通信研究所・上級研究員）へインタビュー実施（2022年9月7日）。

　2008年6月，第1回目の勉強会は50名が入れるオープンソースラボの会議室が満席になった。そうした状況が，第4回目くらいまで続いた。松江市が「Rubyのメッカ」のシンボルを掲げソフトウェア産業振興に取り組んでいたこと，当地にはIT系の勉強会がなかったことが関心を呼んだとみられる。なお，オープンソースラボとは，JR松江駅前に開設された開発交流プラザを指し，誰でも無料で使える空間である。

　同じ頃，山陰ITPro勉強会が結成されて，2009年1月に，最初の勉強会をスタートした。情報セキュリティをテーマにした勉強会で，実務を行っているエンジニアが対象である。セキュリティは主宰者の岩石睦氏（ファーエンドテクノロジー（株）・取締役）自身の強みであり，「今後，勉強会の種類が増えてきたとしても他と差別化が図れるのではないか，Rubyと直接の接点はないが，どんなプログラミング言語を使ってもセキュリティへの対応は欠かせない。」と考えた。

　立ち上げた背景について，以下のように述べている。

　　2008年にしまねOSS協議会がOSSの会議であるオープンソースカンファレンスを招致し，松江で初めて開催した。以前からのメーリング仲間の1人がそこに出展するというので物見気分で行き，いくらか雰囲気を感じた。その後，大阪の関西オープンフォーラムに誘われて参加した。そこで目にした「エンジニアが集まって発表し合うというエンジニア主役の光景」に大きな刺激を受けた。地元でもエンジニアが主役となって発言する場を始めてみようと思い立った。（岩石睦氏）[2]

第1回目の勉強会を主宰したときの感想をそれぞれ聞くことができた。

　　勉強会を主宰した経験がなかったので，正直なところ手探り状態であった。Rubyが勉強会のテーマであるので，参加者の3分の1はRubyに携わる機会の多い自社（（株）ネットワーク応用通信研究所）の同僚であっ

---

2 岩石睦氏（ファーエンドテクノロジー（株）・取締役）へインタビュー実施（2022年9月8日）。

た。残りの 3 分の 2 はさまざまな会社の人々であり，他社でも Ruby に関心を持っているエンジニアが多いことに驚いた。(高尾宏治氏)[3]

　あれこれ考えずとにかく始めてみよう。回数を重ねて実績を積んでいこうと考えた。第 1 回目の参加者は 10 名。うち運営スタッフが 5 名（岩石氏の上司の社長を含む）なので，実質 5 名の参加であった。(岩石睦氏)[4]

山陰 ITPro 勉強会の場合は，情報セキュリティをテーマにしていたので，会社の情報が洩れないか，他のコンピュータに侵入し攻撃する方法を議論するのではないかなどと，周囲からネガティブな目で見られることも少なくなかった。しかし，5 名の参加者が答えたアンケートには，次のようなコメントが記載されていた。
①　少人数でしたが，和気藹々（あいあい）でやれて良かった。
②　実際に利用している目線に立った話しが聞けた。
③　デモが見たい。実際に苦労された点とかを聞けるとありがたい。

　いずれの勉強会も，施策や事業に基づいて公式な形で主宰したものではないし，参加者を動員するものでもない。自発的な主宰，自主的な参加が基本である。第 1 回目をみる限り，参加者の Ruby に対する関心の高さ，あるいは，テーマの性質上，たとえ少人数であっても好感を抱いている様子がうかがえる。
　第 1 回目から参加し続けてきたエンジニアは参加動機として，「仕事をする上で自分の知らなかった課題やその対応方法が知りたい，このことならどの人に聞けば教えてくれるのかを知りたい」，「同じ立場の他のエンジニアと意見交換をしたい」といった点を挙げている[5]。

---

3 高尾宏治氏へインタビュー実施（2022 年 9 月 7 日）。
4 岩石睦氏へインタビュー実施（2023 年 2 月 27 日）。
5 きむらしのぶ氏（システムアトリエ　ブルーオメガ・代表）へインタビュー実施（2023 年 3 月 28 日）。

## さまざまな勉強会が発足

　プロジェクトの進展とともにソフト系IT産業の売上高が伸長し，エンジニア数は増加した。新たなエンジニアが勉強会のメンバーに加わったり，前述の2つの勉強会以外にも新しく勉強会が発足したりした。売上高とエンジニア数の好循環が，島根県内のIT勉強会活動を活発化させていった。

　島根県内の主なIT系勉強会は表4-3に示す通りである。すでに解散したものも含めているが，松江市以外に出雲市，浜田市など勉強会活動が拡がっている。その中で，Uターン／Iターンを経験したエンジニアが立ち上げた勉強会がある。

　山田宏道氏（（株）トルクス・代表取締役）は首都圏で働いた後，出身地の奥出雲町（島根県）へUターンして，2016年に「地域おこしXR研究会」を立ち上げた。バーチャルリアリティ（VR）やMixed Reality（MR），Augmented Reality（AR）などの最新技術を使って地域おこしをめざす勉強会である。

　同氏はゲーム開発会社に5年間プログラマとして在籍し，Play Station 2向けなどのゲーム制作を行う。その後，起業しUターンと同時に会社を島根に移した。VRゲーム制作を強みにしている。

　　　会社を首都圏から島根へ移し1人でやっているので，同じ仕事仲間を探したい，関係する人と知り合いになりたいと考えていた。東京のときはVRの研究会に参加していた経験があり，それを活かしてVRを体験したり，新しく生まれる技術に関する情報を交換したりする勉強会を作った。（山田宏道氏）[6]

　野宗輝邦氏（（一社）チエノワ・代表理事）は2016年に関西から移住し，プログラマとして松江で勤務している。職場は松江だが，主に自宅（出雲市）でリモートワークを行っている。関西に住んでいた頃は，参加者が200名規模のソーシャルゲームの勉強会を主宰していた。その運営経験をもとに，2022年5月に「山陰ノーコード広場」を立ち上げた。

---

6　山田宏道氏（（株）トルクス・代表取締役）へインタビュー実施（2022年9月29日）。

表 4-3　島根県内の主な IT 勉強会

| 名　称 | 発足時期 | 内　容 |
|---|---|---|
| Matsue. rb | 2008 年 6 月 | Ruby を中心に OSS に関する新しい発見や学びを共有できる場を提供 |
| 山陰 ITPro 勉強会 | 2009 年 1 月 | 実務を行っているエンジニアを対象に情報セキュリティをテーマにした勉強会 |
| OpenOffice. org 講習会 | 2010 年 4 月 | 初心者を対象に，各種文書作成における OpenOffice. org の基本的な使い方を講習 |
| Agile Shimane | 2011 年 4 月 | アジャイルな思考や働き方を通じて OSS の有効性を再発見する |
| 山陰コンピュータ部 | 2011 年 11 月 | 島根，鳥取の若年層を対象とし若年プログラマの交流と学習の場を提供 |
| nanoc 勉強会（日本 nanoc ユーザ会） | 2013 年 4 月 | Ruby 製の HTML, CSS, JavaScript で構成された Web コンテンツ（静的コンテンツ）生成 CMS の情報を提供 |
| 出雲 IT コミュニティ勉強会 | 2014 年 5 月 | 出雲市周辺のエンジニアが Unity やクラウドをテーマに交流を行う |
| 出雲 web 勉強会 | 2014 年 5 月 | デザイナー・プログラマ・コーダー・プランナー・ディレクター・システムエンジニアなどを対象に Web に関する学びを提供 |
| スプラウト. rb | 2014 年 6 月 | Ruby, Rails を初心者が仲間と一緒に学ぶ，コーチが質問に答えながらサポートする |
| いわみくと！（いわみ ICT 協議会） | 2016 年 1 月 | 島根県西部を拠点に，ICT の利活用の推進，ICT 教育支援，ビジネス分野での技術力・開発力の向上をめざす |
| Kunibiki. rb | 2016 年 10 月 | Ruby 技術を中心にハンズオンしたり，ライトニングトークをしたりする場を提供 |
| 山陰ぺちぱーず | 2016 年 10 月 | プログラム言語 PHP をテーマにしてユーザーが交流する場を提供 |
| 地域おこし XR 研究会 | 2016 年 12 月 | バーチャルリアリティ（VR）や Mixed Reality（MR），Augmented Reality（AR）などの最新技術を使って地域おこしをめざす |
| フロントエンド勉強会 in 山陰 | 2017 年 2 月 | HTML5, CSS, JavaScript，スマホアプリなど，フロントエンドに関して学ぶ |
| 山陰 CSIRT 情報交換会（山陰セキュリティ交流会） | 2017 年 2 月 | 情報セキュリティやコンピュータのインシデント対応などについて話題を共有し，交流を深め学ぶ |
| Hamada. rb | 2019 年 9 月 | Ruby を仕事で扱うプログラマや Ruby を学んでみたい初心者が，定期的に集まってハッキングしたり，推奨本を輪読したりする |
| 山陰ノーコード広場 | 2022 年 5 月 | プログラミングなしでアプリを開発できるノーコードツールの活用方法を紹介し合い，情報交換を行う |

注）すでに解散した勉強会も含めている。
出所：筆者調べ

　勉強会では，スモールビジネスや副業をめざす人のために STUDIO,
Bubble などのノーコードツールの活用方法を紹介し合い，情報交換を
行っている。参加者はフリーランサー，自営業，主婦などである。対面と
オンラインを併用し，地元に詳しい主婦を含めて3人で運営している。
(野宗輝邦氏)[7]

### 表4-4　IT 勉強会の開催件数上位の都道府県

| | 2016 年 | | | 2017 年 | | | 2018 年 | | | 2019 年 | |
|---|---|---|---|---|---|---|---|---|---|---|---|
| 1 | 東京都 | 6115 | 1 | 東京都 | 8852 | 1 | 東京都 | 12696 | 1 | 東京都 | 13523 |
| 2 | 大阪府 | 645 | 2 | 大阪府 | 1062 | 2 | 大阪府 | 1776 | 2 | 大阪府 | 2404 |
| 3 | 愛知県 | 313 | 3 | 愛知県 | 559 | 3 | 愛知県 | 818 | 3 | 愛知県 | 1149 |
| 4 | 福岡県 | 294 | 4 | 福岡県 | 518 | 4 | 福岡県 | 747 | 4 | 福岡県 | 1022 |
| 5 | 神奈川県 | 207 | 5 | 神奈川県 | 411 | 5 | 神奈川県 | 524 | 5 | 北海道 | 559 |
| 6 | 北海道 | 160 | 6 | 北海道 | 246 | 6 | 北海道 | 375 | 6 | 神奈川県 | 547 |
| 7 | 京都府 | 134 | 7 | 広島県 | 206 | 7 | 京都府 | 295 | 7 | 京都府 | 398 |
| 8 | 埼玉県 | 93 | 8 | 京都府 | 200 | 8 | 沖縄県 | 254 | 8 | 沖縄県 | 312 |
| 9 | 広島県 | 83 | 9 | 沖縄県 | 154 | 9 | 広島県 | 223 | 9 | 広島県 | 219 |
| 10 | 宮城県 | 80 | 10 | 埼玉県 | 137 | 10 | 埼玉県 | 208 | 10 | 宮城県 | 189 |
| 11 | 静岡県 | 69 | 11 | 長野県 | 134 | 11 | 岡山県 | 177 | 11 | 岡山県 | 161 |
| 12 | 兵庫県 | 57 | 12 | 岡山県 | 125 | 12 | 宮城県 | 169 | 12 | 静岡県 | 160 |
| 13 | 岡山県 | 40 | 13 | 兵庫県 | 105 | 13 | 長野県 | 159 | 13 | 長野県 | 158 |
| 14 | 沖縄県 | 37 | 14 | 宮城県 | 96 | 14 | 兵庫県 | 147 | 14 | 埼玉県 | 157 |
| 15 | 石川県 | 36 | 15 | 静岡県 | 93 | 15 | 千葉県 | 117 | 15 | 兵庫県 | 153 |
| 16 | 長野県 | 35 | 16 | 鹿児島県 | 86 | 16 | 静岡県 | 117 | 16 | 千葉県 | 139 |
| 17 | 熊本県 | 33 | 17 | 千葉県 | 81 | 17 | 熊本県 | 114 | 17 | 新潟県 | 130 |
| 18 | 福井県 | 31 | 18 | 島根県 | 79 | 18 | 新潟県 | 87 | 18 | 熊本県 | 127 |
| 19 | 島根県 | 30 | 19 | 熊本県 | 72 | 19 | 島根県 | 85 | 19 | 福島県 | 124 |
| 20 | 新潟県 | 29 | 20 | 石川県 | 68 | 20 | 山形県 | 74 | 20 | 石川県 | 94 |
| 21 | 千葉県 | 28 | 21 | 新潟県 | 58 | 21 | 茨城県 | 73 | 21 | 島根県 | 86 |

注)（株）ビープラウドによる connpass の IT 勉強会カレンダーに登録された勉強会案内をもとに筆者
　　が都道府県別に検索し集計した。登録する勉強会についての定義は特に定められていない。
　　エンジニア間での IT 勉強会カレンダーに対する情報収集サイトとしての認知度の高まりや，対
　　面方式での開催（新型コロナウイルス感染症が拡大する以前までの時期）を考慮し，対象期間は
　　2016 年～2019 年（暦年）の4年間とした。
出所：IT 勉強会カレンダー（https://connpass.com/calendar/，閲覧日 2023 年1月10日）をもとに
　　筆者作成

**表 4-5　情報サービス産業従事者 100 人当たりの IT 勉強会開催件数**
（2019 年の島根県と開催件数上位の都道府県）

| 島根県 | 8.25 |
| --- | --- |

| 東京都 | 2.83 |
| --- | --- |
| 大阪府 | 1.80 |
| 愛知県 | 2.33 |
| 福岡県 | 3.33 |
| 北海道 | 2.47 |
| 神奈川県 | 0.66 |
| 京都府 | 5.29 |
| 沖縄県 | 2.66 |
| 広島県 | 2.43 |
| 宮城県 | 2.02 |

| 岡山県 | 2.48 |
| --- | --- |
| 静岡県 | 1.23 |
| 長野県 | 2.37 |
| 埼玉県 | 1.24 |
| 兵庫県 | 1.13 |
| 千葉県 | 0.82 |
| 新潟県 | 2.02 |
| 熊本県 | 3.43 |
| 福島県 | 3.68 |
| 石川県 | 1.72 |

注）表 4-4 の 2019 年開催件数上位の都道府県の件数を経済産業省・特定サービス産業実態調査報告書（2019 年 9 月）の従事者数で除して算出。
出所：IT 勉強会カレンダー（https://connpass.com/calendar/，閲覧日 2023 年 1 月 10 日），経済産業省・特定サービス産業実態調査報告書（2019 年 9 月）をもとに筆者作成

　多くの IT 勉強会が結成されてきた島根県であるが，その開催件数について他の都道府県と比較しながら相対的な位置を見ておこう。勉強会の開催情報収集において比較的認知されている connpass の「IT 勉強会カレンダー」（2016 年〜2019 年）の勉強会開催地，開催件数を集計した結果が表 4-4 である。現状，開催は圧倒的に東京に集中している。島根県は，20 位前後にランクされる。また，ソフト系従事者数で除した数値（従事者 100 人当たり）を表 4-5 に掲げている。従事者当たりで見ると，島根県は勉強会開催件数上位の都道府県に比べて，開催密度の高い機会を提供していることが分かる。Ruby プロジェクトの進展に合わせて，勉強会がきわめて活発に開催されてきた状況がうかがえる。

　また，勉強会の種類が増加したことによって，1 人のエンジニアが複数の勉強会に参加するという多重参加の傾向がみられるようになった。この点は主宰者も認識している。

---

　7 野宗輝邦氏（（一社）チエノワ・代表理事）へインタビュー実施（2022 年 9 月 7 日）。

表 4-6　主な勉強会の登録メンバー数（2022 年 12 月現在）

| | Matsue.rb | 山陰 ITPro 勉強会 | 地域おこし XR 研究会 |
|---|---|---|---|
| 発足時期 | 2008 年 | 2009 年 | 2016 年 |
| 登録メンバー数 | 240 人 | 187 人 | 205 人 |

出所：Matsue. rb は https://matsue-rb.doorkeeper.jp/，山陰 ITPro 勉強会は https://sitw.doorkeeper.jp/，地域おこし XR 研究会は https://chiikiokoshi-vr.connpass.com/ の各 Web サイト

　　メンバーの多くが他の勉強会にも参加している。メンバーから「他では
こんなことをやっている」といったフィードバックがある。（岩石睦氏）[8]

　　他の勉強会にも参加しているメンバーは多い。他で行われているハッカ
ソンのやり方，オンライン勉強会の方法など参考になる情報を参加者間で
交換し合っている。（山田宏道氏）[9]

　　主な勉強会の登録メンバー数を表 4-6 に示しているが，似通った規模で勉強
会の発足時期にあまり影響を受けていない。

## 5 − 3.　主な勉強会の活動内容

### 勉強会の概要

　　表 4-6 で掲げた 3 つの勉強会について，それぞれ個別にみていくことにしよ
う。

### 〈Matsue. rb（まつえるびー）〉

　　発足以降ほぼ毎月開催していて，2022 年 12 月の定例会は第 151 回目を数え
た。新型コロナウイルス感染症の拡大（2020 年 4 月）以降はオンライン方式
に変更したが，毎月開催する方針を堅持している。勉強会がスタートした当初
は Ruby のリファレンスマニュアル（説明書）や，Ruby をテーマにした県外
の講師による講演，参加者による事例の発表などに重点を置いていた。つま
り，Ruby の技術力を高めることに特化した，Ruby べったりの内容であった。

---

　8 岩石睦氏へインタビュー実施（2022 年 9 月 8 日）。
　9 山田宏道氏へインタビュー実施（2022 年 9 月 29 日）。

初期段階は主宰者都合で進めていた。しかし，その後参加者は減っていった。敷居が高いと感じたエンジニアは離れていった。「Ruby の押し付けになっている，これでは続けていけない」ことに気づいた。それからは，参加者が Ruby に限らず，思い思いに好きなことに取り組めるよう，黙々と作業を行うもくもく会に変えた。(高尾宏治氏)[10]

2010 年 3 月以降，ビジュアルプログラミングツールのスモウルビー（smalruby）の開発を行ったり，リファレンスマニュアルの更新をしたり，Ruby 以外の OSS を使ってプログラミングをしたりするなど，参加者が自らの関心に応じて自由に作業を行える場へと変わった。高尾氏は参加者からの質問に答えたり，相談に乗ったりする聞き役に徹する形をとった。

　また，門戸を広く開いていて，来る者は拒まないスタンスである。このため，松江に新しくオフィスを設けた県外の IT 企業のエンジニア，あるいは大学生が参加するなど，多様な人々が出入りしている。

　表 4-7 に示したように，定例会は毎月末の土曜日 9：30〜17：00（場合により 13：00〜17：00）に開催されている。図 4-2 は直近 5 年間の参加状況を示す。2020 年 4 月以降はオンライン方式での開催が多くなっていて，参加者数に影響を与えている。

　形式は現在も，参加者が個々に作業を行いながら，都度，質問や相談をしたり，他の参加者からの質問に答えたりしている。参加者が行っている作業の一

表 4-7　Matsue. rb 勉強会の概要

| | 内　容 |
|---|---|
| 開催頻度 | 毎月 1 回（新型コロナウイルス感染症の拡大以降はオンライン方式に変更） |
| 開催場所 | オープンソースラボ（JR 松江駅前） |
| 参加費用 | 無料 |
| 運営スタッフ数 | 2 名 |

出所：Matsue. rb 資料

---

10 高尾宏治氏へインタビュー実施（2022 年 9 月 7 日）。

図 4-2　Matsue.rb の参加者数

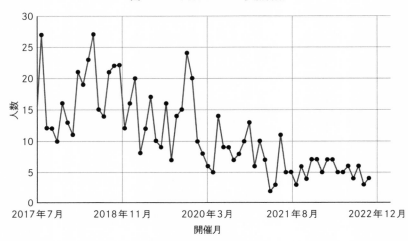

注）2020 年 4 月以降はオンライン方式での開催が多くなっている。
出所：Matsue.rb 資料

例を次に挙げているが，協議会や学生合宿など Ruby City MATSUE プロジェクトに関わる支援活動，Ruby 関連の開発業務などのビジネス活動，新技術に関する自己研鑽や情報収集など自由に作業を行っている[11]。

①　しまね OSS 協議会の Web サイトの構築・更新（Ruby で構築）
②　県が支援している学生 Ruby 合宿に向けた準備（勉強会の資料作成など）や事後対応
③　Ruby を使用したシステム開発
④　Ruby 製の自社サービスの開発
⑤　Ruby による静的サイトジェネレータ Jekyll の勉強
⑥　新しい機能や仕様が追加となった Ruby on Rails 7.0 の勉強
⑦　最近の Ruby 関連の情報収集とその共有
⑧　その他，Ruby 以外のクラウド関連の開発やアプリ開発など
なお，節目の勉強会では，短時間でエッセンスを伝えるライトニングトーク

---

11 倉橋徹氏（（株）イーストバック・代表取締役）へ電子メールで確認（2023 年 3 月 6 日）。

大会を行ったりしている。

　Matsue. rb（まつえるびー）は，Ruby や Rails の初心者向け勉強会「スプラウト. rb」と同時開催していて，彼女ら（彼ら）から何か質問や相談があれば，本勉強会の参加者がその場で適宜，アドバイスをしている。スプラウト. rb では，各人のレベルに応じたテキストに沿ってパソコンを操作しながら学習を進めている。

　また，全国ベースで行われているカンファレンス「Ruby Kaigi」の地域版として松江 Ruby 会議が 2009 年から 2018 年まで 9 回開催されてきたが，本勉強会はその実行委員会を担っている。松江 Ruby 会議では Ruby 技術のテーマのもとに IT エンジニアが集まり，講演を聞いて情報交換をしたり，立ち話しを行ったりしている。

### 〈山陰 ITPro 勉強会〉

　2009 年にスタートして 2019 年までに 37 回の勉強会を開催してきた。年に 4 回程度対面方式で行ってきたが，新型コロナウイルス感染症の拡大以降，活動を休止している（表 4-8）。オンライン方式で開催すると，参加者が地域を越えて拡がる可能性はあるが，一方で，参加者間でバズ（有用・無用な情報のやり取り）が行えず親近感が薄れるので，地元のエンジニアは敬遠する。このため，対面方式にこだわっている。

　図 4-3 は休止前の 5 年間の参加状況を示している。参加者は，多い時で 40 名，少ない時で 10 名強，約半分は常連である。毎回のテーマを楽しみにしている人，テーマを選んで参加を決める人，初めて参加する人，さまざまである。仕事の中で情報セキュリティに対して脅威，不安を感じることが参加の理

**表 4-8　山陰 ITPro 勉強会の概要**

| | 内　容 |
|---|---|
| 開催頻度 | 年に 4 回程度（新型コロナウイルス感染症の拡大以降は休止している） |
| 開催場所 | 松江センタービル 2 階ファーエンドテクノロジー（株）　ほか |
| 参加費用 | 無料 |
| 運営スタッフ数 | 5 名 |

出所：山陰 ITPro 勉強会資料

## 図4-3　山陰ITPro勉強会の参加者数

注）第25回は2014年，第37回は2019年に開催。
出所：山陰ITPro勉強会資料

**写真　山陰ITPro勉強会**

出所：山陰ITPro勉強会

由である。大学生や高等専門学校生の参加も少なくない。

　スタートしてからは，参加者を集めることの大変さを痛感してきて，第4回目以降，講師はすべて県外の人に依頼してきた。講師には極力，仕事を兼ねた出張扱いの形で来てもらえるよう了解をとっている。ただし，必要に応じて参加者に講師の旅費のカンパを求める場合もある。

　　　私が県外の講師候補者に直接連絡し，引き受けてもらっている。県外のカンファレンスに参加して運営事務局のキーパーソンと接点を持つようにしているので，彼らの人脈を通じて講師を紹介されることも多い。また，講演を聞いたその場で直接講師を頼むこともある。(岩石睦氏)[12]

　勉強会の手応えは，運営スタッフからいろいろな意見，アイデアが出て自発的な姿勢が見られるようになったとき，また，県外の人も山陰ITProの活動を認識してくれていることを知ったとき，「この勉強会は軌道に乗った，上手くいく」と確信している。

　一例として表4-9に第5回勉強会（2009年8月8日（土）13：00〜17：00）の内容を掲げている。ウイルスに注目して「ウイルスで儲けようとする違法なビジネス」を取り上げた。まだ，ランサムウェアは知られていない頃であり，このときの参加者の反響は大きかった。ランサムウェアは，暗号化などによってファイルを利用不可能な状態にした上で，そのファイルをもとに戻すことと引き換えに身代金を要求するマルウェアを指す。

表4-9　第5回勉強会の内容

|  | 演題 | 講師 | 講演概要 |
|---|---|---|---|
| メインセッション | ウイルスとクラウドコンピューティングとセキュリティ | サイバー大学准教授 | 最近のウイルスビジネスの状況，クラウドコンピューティングについてセキュリティ面からの再考 |
| サブセッション | 大規模医療機関に対するSBC導入の取り組みとその成果 | ITベンダー企業 | ― |

出所：山陰ITPro勉強会資料

---

12　岩石睦氏へインタビュー実施（2022年9月8日）。

　他の勉強会とは，横のつながりをある程度意識している。たとえば，Ruby
を利用したセキュリティについて他と合同で開催したこともある。OSSに関
していえば，広くOSSのツールを取り上げて，セキュリティ面から使用する
際に注意すべき点を議論し合っている。

### 〈地域おこしXR研究会〉

　本研究会には，SMCNとUnityゆるもく勉強会の2つがある。勉強会やVR
体験会，ハッカソンを対面で開催していたが，コロナ禍に見舞われてからは
Unityゆるもく勉強会のみ，月に1度，オンライン方式（Discord）で行って
いる（表4-10）。

　図4-4は発足（2016年）以降のSMCNの参加状況を示している。新型コロ
ナウイルス感染症の拡大後は休止中だが，対面方式のときは，10〜20名が参
加していた。参加者はソフト系の技術者が6割くらい，そのほかは大学生，高
等専門学校生などである。年齢層は10代後半，20代，30代と比較的若い。勉
強会の講師は，過去，何回かは県外から別の要件で訪れた専門家に頼んだりし
たが，通常，参加者がそれぞれ短時間でエッセンスを伝えるライトニングトー
クを行うことを基本にしている。

　会場はオープンソースラボを使ったり，有料の施設を使ったり，さまざまで
ある。有料施設の場合は会場費のみを参加者から徴収している。勉強会は
Rubyと直接関係がないが，ゲーム制作自体はOSSのライブラリー（プログ
ラミング部品を収納したもの）と深く関わっている。

　SMCNは，TMCN（Tokyo Motion Control Network）という東京のコミュ

### 表4-10　地域おこしXR研究会の概要

| | 内　容 |
|---|---|
| 開催頻度 | 新型コロナウイルス感染症の拡大以降はUnityゆるもく勉強会のみ，オンラインで毎月開催 |
| 開催場所 | オープンソースラボ（JR松江駅前）ほか |
| 参加費用 | 無料（有料施設で開催する場合は会場費のみを徴収） |
| 運営スタッフ数 | 3名 |

出所：地域おこしXR研究会資料

**図 4-4　地域おこし XR 研究会（SMCN）の参加者数**

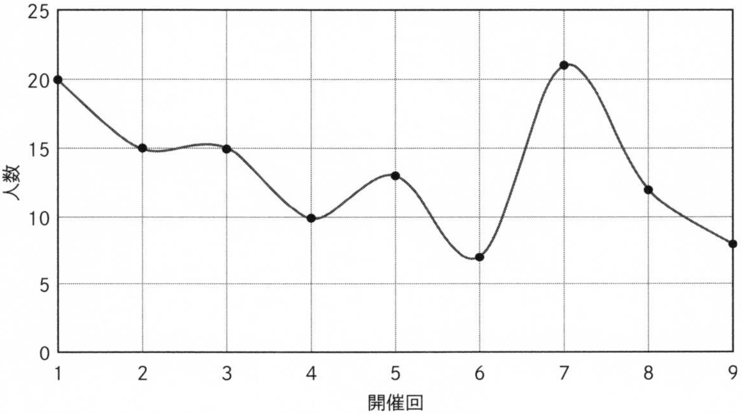

注）新型コロナウイルス感染症の拡大以降は休止中。
出所：地域おこし XR 研究会資料

ニティの島根版（Shimane Motion Control Network）である。TMCN の場合
は，Kinect や OculusRift など安価に入手可能なセンサー＆デバイスに関する
オープンなエンジニアリングコミュニティで，デジタルなものづくり・ことづ
くりに関心のある開発者やデザイナーをネットワークして，共創（共に創る）
の場を生み出すのが目的である。

　SMCN は TMCN とは別の集まりであるが，基本的には同じ考え方に則り，
さまざまな技術に興味があるさまざまな分野の人が集まり，新しいものを創り
上げることをめざしている。VR ゴーグルやセンサーを使ったプログラミング
など，誰かが買ったり作成したものを持ち寄って，それを使ったり試したりし
てリアルに体験するエンジニアの遊び場である。

　Unity ゆるもく勉強会は，Unity を使っている人の交流の場であり，もくも
くやりたい人，これから使いたい人を応援する場でもある。Unity は無料の
ゲーム制作ツールで，スマートフォンのアプリの制作，VR のゲーム制作に使
われる。趣味だけでなく，プロも使っているツールである。使い方を教え合
う，発表し合うなど同じ知識ベースの人々が情報を交換できる場としている。
基本的な流れは，最初にそれぞれ予定を決めて，作業を実施，最後に進捗を確

表 4-11　XR GameJam in Japan 2017　島根会場の概要

| 日程 | 時間 | 内容 |
|---|---|---|
| 11 月 25 日（土） | 10：30 | アイデア会議開始 |
| | 14：00 | 企画発表会 |
| | 14：30 | 開発開始 |
| 11 月 26 日（日） | 8：00 | 開発 |
| | 13：00 | 中間発表会 |
| | 17：00 | 発表会 |
| | 18：00 | 審査発表 |
| | 18：30 | 試遊会・懇親会 |

出所：地域おこし XR 研究会資料

認している[13]。

　内容について例示すると，2017 年 11 月，本研究会では Unity Japan やしまねソフト研究開発センターの協力を得て，「XR GameJam in Japan 2017　島根会場」を主催した。VR, AR, MR の技術を利用したゲーム／コンテンツを 2 日間で作ることをテーマに掲げた（表 4-11 を参照）。

　1 チーム 4～5 名からなる 4 チームが参加。基本的に Unity を利用して開発を行い，ゲームができ上がると発表し合う形式である。ホロレンズ，MR HMD, VR ゴーグルなどの開発機材は貸与している。

### 勉強会が及ぼす影響

### 〈Matsue. rb（まつえるびー）〉

　2008 年にスタートして以降，主宰者が高尾氏から佐田明弘氏に交代しているが，同じ会社のエンジニアが引き継いでいるため，一貫して安定した運営が行われている。

　　主宰者として人に物事を教えるというのは，参加者に対して聞き役に回

---

13 田村幸一「メンバー募集！全国 Unity コミュニティ名鑑」『Unity Japan（ユニティ・テクノロジーズ・ジャパン）』2022 年 10 月 21 日（https://note.com/unityjapan/n/na62ab246c 007　閲覧日 2022 年 11 月 19 日）。

ることだと気づいた。「今日は何に取り組んでいますか。」,「そのことについては,　○○さんに聞けば詳しいよ。□□さんも同じところに関心を持っているよ。」というように,　なるべく,　参加者間の橋渡しを行うことを心掛けた。(高尾宏治氏)[14]

　こうした橋渡し役としての主宰者の役割は今も継続されている。参加者は,「ソフトウェアの癖」,「どんな点が改善されたのかなどのバージョン情報」を身近に相談できる点や,「そのことならあの人に聞けばよい」,「そんな使い方をしたら上手くいかなかったので,　こんな使い方に変えてみたらよくなった」といった話しが聞けて,　大いに役立っている模様である。

　　新しい技術知識を知るというよりも,　新たなアプリや利用方法を開発する例を知ったり,　開発した人と知り合いになったりすることによって視野が広くなった。(きむらしのぶ氏)[15]

　　そのことはこの人に聞けば分かるといった,　人を通じた知識の拡がりを感じる。たとえば,　参加者の中にドローンの組み立てをしている人がいたりして,　自分の知らない分野にも触れることができる。また,　他の参加者に教えたりすることで,　自分自身の理解を深めることができた[16]。

　勉強会のメンバーは,　主宰者が所属している会社のエンジニアが多数を占めている訳ではなく,　4分の3は他の会社の人々である。参加者は思い思いの作業を行うのだが,「ランチを皆で一緒に食べよう,　夕食は自宅で家族と。」と決めている。懇親会をしない代わりにランチを一緒にとることで親睦の場を作っている。
　通常,　地方のエンジニアは都会と違い,　他の会社のエンジニアと会話をする機会が少ないのだが,　本勉強会は会社を越えて Ruby や OSS の話題をシェア

---

14 高尾宏治氏へインタビュー実施（2022 年 9 月 7 日）。
15 きむらしのぶ氏へインタビュー実施（2023 年 3 月 28 日）。
16 倉橋徹氏へ電子メールで確認（2023 年 4 月 6 日）。

し合う場になっている。

　　一緒に相談しながら解決を図る，さらには仕事を受けてもらえそうかと
　いったことまで相談する。エンジニアが会社を越えて現場レベルで話しを
　するようになった。(佐田明弘氏)[17]

　本勉強会では松江 Ruby 会議開催の実行委員会を担ってきた。そこでの活動
は勉強会のメンバー同士が協働する１つの機会になっている。パソコンと向か
い合ってきたエンジニアが，それぞれ分担しながら開催準備をし，運営を行っ
ている。そうした共同作業を通じて他の会社のエンジニアと関係を深めてい
る。
　ところで，高尾氏は，2015 年に NPO 法人 Ruby プログラミング少年団を設
立した。「一人でも多くの青少年にプログラミングの喜びを！」を掲げて，小
学３年生以上の子どもたちがプログラミングを学ぶための教材の開発，ワーク
ショップの運営，ノウハウの提供を行っている。そこでも，勉強会を通じた人
のつながりが見られる。

　　現在，NPO 法人の代表も務めているが，勉強会のメンバーや学校の先
　生，大学生が活動を助けてくれている。地域の人々との横のつながりが拡
　がっているのを実感している。(高尾宏治氏)[18]

### 〈山陰 ITPro 勉強会〉

　山陰 ITPro 勉強会ではメインセッションの講師は県外から招いて目新しさ
を出していて，参加者の注意を引きつけている。また，体験型学習のハンズオ
ンとディスカッションを重視している。一般のセキュリティセミナーは，話を
聞いて終わってしまうパターンが多い。しかし，この勉強会では参加者に何か
を持ち帰って欲しいと考えて，テキストを用意し，パソコンを操作しながら体

---

17 佐田明弘氏（(株)ネットワーク応用通信研究所・研究員）へインタビュー実施（2023 年 3
　月 1 日）。
18 高尾宏治氏へインタビュー実施（2023 年 3 月 1 日）。

験してもらえる形式にしている。たとえば，Web の脆弱性を調べたり，電子メール文章の暗号化状態を分析したりしているが，参加者からの評判はよい。

ディスカッションでは，講師の話しを聞いた後，再度振り返るために小グループに分かれて話し合っている。その内容を発表し合うことによって，理解が深まるだけでなく，講師に対する返礼にしている。

ところで，失敗談の話しには参加者の関心が集まる。オフレコのルールを設けた上で，たとえば，「データセンターが止まった，さてどうしたか」，「システムの設計ミスを見つけた，どう直せばよいのか」といった議論も行われる。

> 「こんなときにどうしたのか」，「今，仕事で直面している問題にどう対処するのか」といったトラブルシューティングについて，いろいろ意見交換ができる。(きむらしのぶ氏)[19]

セッションとセッションの間は，休憩時間をしっかりとっていて，毎回，参加者全員が自己紹介を行う。常連の人であっても例外ではない。どんな仕事をしていて，何に関心を持っているのかを参加者の記憶にとどめてもらうためである。

前述したようにセキュリティに対する周囲からのネガティブな見方を払拭するために，参加者の会社名は不問にし，氏名はハンドルネーム（ニックネーム）やアカウント名でも代用できるルールにしている。ただし，どんな仕事をしているのかについては，参加者間でシェアする。終了後は講師を囲んだ懇親会を開いて，自由に意見交換ができる場を作っている。こうしたやり取りがエンジニアのつながりを拡げて，その後，一緒に仕事を行う例も見受けられる。

> 主宰する自分自身が，何をやっている人なのか，アイデンティティを知ってもらえるようになった。また，受託したシステム開発で，発注側に同じ勉強会の仲間がいる場合は，仕事をスムーズに進めやすいという話も聞く。松江でも勉強会が1つの文化として浸透してきたように思う。(岩

---

19 きむらしのぶ氏へインタビュー実施（2023年3月28日）。

石睦氏)[20]

　松江 Ruby 会議など地域でカンファレンスを開催する際は，勉強会メンバーが開催実行委員の役割を分担し合うなど仕事以外でも協働する場面が多い。勉強会は単に知識を得るだけではなく関係構築の潤滑油になっている。

### 〈地域おこし XR 研究会〉

　本研究会は，それまで知らなかった技術であっても，参加してみると興味が湧いてくるような場である。また，初心者の疑問や中級者の悩み，上級者の経験談など，聞きたいことを投げかけるとしっかり受け止めて，いろんな話が聞ける場でもある。これまでに実施した「XR GameJam」や「VTuber ハッカソン」など，対面での体験イベントにこそ楽しさの原点があると考えている（コロナ禍の現在，休止中）。

　　　2017 年の XR GameJam のハッカソンで各チームが面白い作品を発表したときは，とても嬉しかった。立ち上げて日の浅い研究会であったが，大きな自信になりそれが転換点となった。参加人数には限界があるが，人数を増やすのではなく，参加者がいかに楽しめるかを考えるようにしている。(山田宏道氏)[21]

　勉強会は半分は懇親会のようなもので，終了後も参加者同士でだらだらと雑談をする。仕事のパートナーや家族，地域の友人とも違い，技術的な話しができるサードプレイスの雰囲気を大事にしている。
　大学生，高専生が参加していて，メンバー層は拡がっているが，彼らから相談を受けると参加者が盛り上がる。また，最近は山田氏が参加できないことがあっても，他のメンバーが自発的に運営をカバーしている。メンバー個々人が

---

20　岩石睦氏へインタビュー実施（2022 年 9 月 8 日）。
21　山田宏道氏へインタビュー実施（2022 年 9 月 29 日）。

成長している[22]。

　　参加者と毎回，顔を合わせる機会が持てることは勉強会の本質だ。それによって人と人がつながっていくのだと思う。(山田宏道氏)[23]

　XR GameJam の発表会では，面白そうな作品もみられ，山田氏が許可を得て，それのデザイン，プログラミング等を作り直して商品化を行っている（商品名は「VR どじょうすくい」）。参加者が作った作品をもとにして，ゲーム制作を強みにする主宰者が商品化していくプロセスを実際に参加者にやって見せている。こうして，商品化に必要な経験知が少しずつ移転されシェアされている。

### 資格保有者に注目した計量分析
　ところで，プログラミング言語の Ruby には認定試験がある。Ruby 技術者認定試験制度では，認定者は Ruby エンジニアとしての技術力を公正に評価され，Ruby による高い水準のシステム開発能力を持っていると認められる。試験の合格者は，（一財）Ruby アソシエーションにより「Ruby Programmer Silver／Gold version 3」として認定している。基本的な技術レベルを持つのが Ruby Programmer Silver，Ruby によるプログラム設計技術を持つのが Ruby Programmer Gold である。
　Ruby が使えるエンジニア数は増加を辿っている。それに占める認定者の割合は70％に達している（図4-5を参照）。特に，2016年までは割合が急速に高まった。それ以降も認定者数自体は増えているが，割合は70％台を維持した状態である。また，図4-6 からは主な資格保有者数（応用情報技術者と情報セキュリティマネジメント）の増加も確認できる。
　ここで，情報技術の知識ストックとも呼ぶべき資格保有者数と従事者1人当たりのソフト系売上高の関係をみておく。つまり，売上高の資格保有者弾性値

22　田村幸一「メンバー募集！全国 Unity コミュニティ名鑑」『Unity Japan（ユニティ・テクノロジーズ・ジャパン）』2022年10月21日（https://note.com/unityjapan/n/na62ab246c007　閲覧日 2022年11月19日）。

23　山田宏道氏へインタビュー実施（2022年9月29日）。

図 4-5　島根県の Ruby エンジニア数と認定者の割合

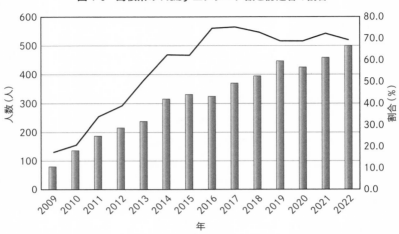

注）Ruby 認定技術者とは，（一財）Ruby アソシエーションが認定したゴールドとシルバーの
　　技術者の合計を示す。
出所：（一社）島根県情報産業協会『ソフト系 IT 業界の実態調査報告書』

図 4-6　島根県の主な資格保有者数の推移
（応用情報技術者と情報セキュリティマネジメント）

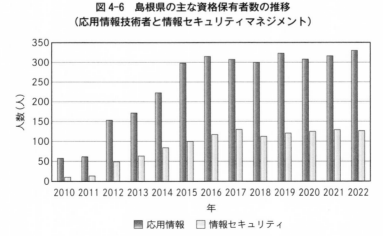

出所：（一社）島根県情報産業協会『ソフト系 IT 業界の実態調査報告書』

を考える。

資格の保有者数 $I$ は累積ベースであるため時間 $t$ に応じて増加する（Janes, 1995)。

$$I = F_1(t)$$

資格の保有者数は従事者1人当たりの売上高 $S$ を高めるとみられる。

$$I = F_2(S)$$

売上高と資格保有者数の相関は高いことから，従事者1人当たりの売上高は，時間 $t$ および資格保有者数 $I$ の関数として表される。

$$S = F(t, I) = F(I(t)) \tag{1}$$

$S$ の資格保有者数弾性値を $\eta$ として生産関数に倣えば（渡辺, 2001)，$S$ は次のようなコブダグラス型の関数で表される。

$$S = A \times I^n \quad A \text{ はスケール係数} \tag{2}$$

$\eta$ は1人当たりの売上高 $S$ の資格保有者数弾性値であり，資格の取得や活用に応じた一連の弾性値の連続係数である。

$$\eta = \eta(\eta_1, \eta_2, \eta_3, \cdots \eta_n)$$

取得や活用フェーズのそれぞれの $\eta_i(i=1 \sim n)$ は，Watanabe & Asgari (2004) が学習の効果を表す動的学習係数で提示した関数と同じ捉え方ができ，いずれも時間 $t$ の関数で示される。よって，$\eta$ は次式で表される。

$$\eta(t) = \eta(\eta_1(t), \eta_2(t), \eta_3(t), \cdots \eta_n(t)) \tag{3}$$

(3) 式をテーラー展開することにより，

$$\eta(t) \approx \sum_{i=0}^{n} a_i t^i \quad a_i \text{ は } i \text{ 次の } t \text{ 項の係数} \tag{4}$$

(2) 式，(4) 式より1人当たり売上高は以下で表される。

$$lnS \approx lnA + \sum_{i=0}^{n} a_i t^i lnI \tag{5}$$

（5）式を $lnI$ で偏微分することによって，（4）式の1人当たり売上高の資格保有者数弾性値 $\eta(t)$ を求めることができる。詳しくは，

$$\frac{\partial lnS}{\partial lnI} \approx \sum_{i=0}^{n} a_i t^i + lnI \times \frac{\partial \sum_{i=0}^{n} a_i t^i}{\partial lnI} \qquad であるが，\ a_i t^i = a_0 + \varepsilon \quad (\varepsilon \ll a_0)$$

$\varepsilon$ は $\eta(t)$ と独立な残差項であるので，$\frac{\partial lnS}{\partial lnI} \approx \sum_{i=0}^{n} a_i t^i = \eta(t)$ となる。

この弾性値は資格保有者数の増加によって誘発される1人当たり売上高の量を示すものである。

続いて，次式により実際の軌道を表わす $t$ の次元 $n$ を決定する。$D$ はダミー変数。

$$lnS = lnA + \eta(t)lnI + bD = lnA + \sum_{i=0}^{n} a_i t^i lnI + bD$$

データは島根県情報産業協会が会員企業などに行った調査（2010〜2021年の各年度）に基づいて，従事者1人当たり売上高（実質値），資格保有者数（Ruby認定技術者と応用情報技術者，情報セキュリティマネジメントの延べ合計数）を使用した。異常値を示した2018年，2020年はダミー変数 $D$ で処理した。

$n=6$ の場合に統計的有意性が最も高く，その計測結果を表4-12に掲げている。

したがって，時間の6次関数で表される次式

$$\eta(t) = -0.6 - 1.13t + 0.77t^2 - 0.18t^3 + 0.02t^4 - 0.1 \times 10^{-2} t^5 + 0.2 \times 10^{-4} t^6$$

表4-12 1人当たり売上高の資格保有者数弾性値の $t$ の次元の特定 （2010-2021年）

| | $lnA$ | $a_0$ | $a_1$ | $a_2$ | $a_3$ | $a_4$ | $a_5$ | $a_6$ | $b$ | $adj.R^2$ | DW | AIC |
|---|---|---|---|---|---|---|---|---|---|---|---|---|
| $n=6$ | 19.46 | -0.6 | -1.13 | 0.77 | -0.18 | 0.02 | $-0.1*10^{-2}$ | $0.2*10^{-4}$ | -0.06 | 0.984 | 3.65 | -103.93 |
| t値 | (49.4) | (-7.4) | (-6.7) | (7.2) | (-6.4) | (5.3) | (-4.3) | (3.4) | (-4.4) | - | - | - |

出所：筆者による計測

図 4-7　従事者 1 人当たり売上高の資格保有者数弾性値の軌道

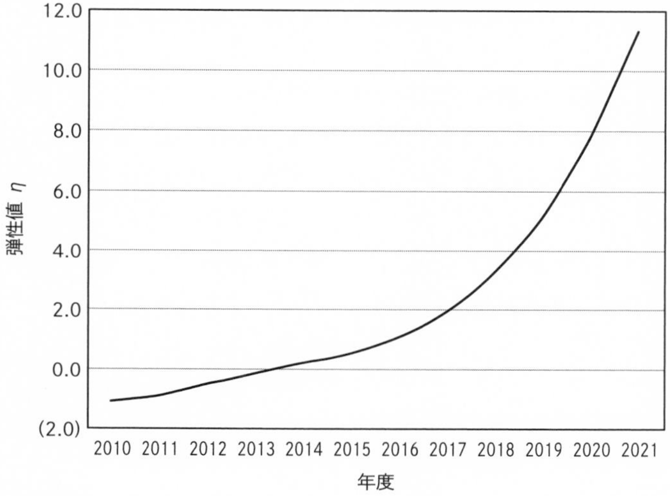

出所：筆者作成

　をもとにして，従事者 1 人当たり売上高の資格保有者数弾性値の軌道を図
4-7 に示す。
　Ruby プロジェクトは 2006 年にスタートしたが，2015 年までの間は，資格
保有者数による 1 人当たり売上高に対する誘発効果はほとんど確認できない。
しかし，2016 年以降，弾性値は 1.0 を超え，従事者の生産性や付加価値向上
に結びついている。資格保有者数の増加が 1 人当たり売上高の増加に高い誘発
効果をもたらしていることが認められる。全体を捉えると，プロジェクト開始
以降，弾性値は着実に上昇を辿っていることが特筆される。実践的な勉強会に
よるエンジニア同士の相互作用が資格取得だけでなく，保有する資格の仕事へ
の活用方法などに対して好影響を与えている結果であるとみられる。

## 5 － 4.　補論　産学官の連携講座

　Ruby City MATSUE プロジェクトの施策の 1 つとして産学官の連携講座が
開講されている。大学・高等専門学校に講座を設けて，IT 企業（産業側）の
エンジニアが講師を務める，セクター間の境界線を越えた実践的な学びであ

る。ここでは，島根大学の「システム創成プロジェクト」，松江工業高等専門学校の「Ruby プログラミング講座」を取り上げる。

### 島根大学「システム創成プロジェクト」[24]

　島根大学では，2007 年度から松江市の支援を受けて Ruby プログラミング講座を始めている。2016 年度から新たに島根県と松江市の協力を得て「システム創成プロジェクト」をスタートした。島根県内にオフィスのある企業と学生がチームを組み，IT を活用して社会的課題を解決するべく，システムやビジネスプランを 1 年かけて作り上げるプロジェクトである。総合理工学部知能情報デザイン学科 2 年生・3 年生の必修授業である。システム開発プログラムとビジネスプランプログラムのどちらかを選択する。講師を務める企業については，毎年 10 社程度を募っている。

　この中のシステム開発プログラムについて紹介する。プログラミングは通常の授業で十分に学習しているので，本講座では開発のプロセスやツールを実践的に学べる点が特徴である。チームでプロトタイプを作ることがアウトプットになる。ただし，システムを作り込むというよりも，チームで開発プロセスを学ぶことを主眼にしている。これまでに作られたプロトタイプでは，災害情報の位置を地図上に表すアプリや，ドローンと VR を用いて身障者に松江城の観光を体験してもらう支援システムなどが代表例として挙げられる。

　学生にとっては，実際に企業のオフィスを訪ねて指導を受けるなど，長い期間，企業と一緒にコミュニケーションを取ることができる。そうした影響を受けて，学生は次のように感じている。

　　「こんなときにこんな知識が役に立つ」という具合に，大学で学んだ専門知識が企業の現場でどのように役に立つのか，知識と仕事のつながりが分かった。
　　学生だけのチームでやっても上手くいかないが，企業が加わることに

---

24 廣冨哲也氏（島根大学総合理工学部・教授）へインタビュー実施（2022 年 10 月 21 日），島根大学の Web サイト http://www.cerd2.shimane-u.ac.jp/project01/ （閲覧日 2023 年 3 月 30 日）。

よって，上手くいかないときにどう対処すべきかが企業の目から助言を受けられた。

　大学では，意識の低い消極的な学生を含むすべての学生に対して学びの気づきを与えてくれていると評価している。企業から大学に対して，実装のみをできる人材ではなく，問題を発見して開発できる人材を輩出して欲しいと要望されている。授業ではこの点も意識しながら指導している。

### 松江工業高等専門学校「Ruby プログラミング講座」[25]

　松江市の支援を受けて，2008 年度から，「Ruby プログラミング講座」を開講している。4 年生，5 年生を対象にした集中講義形式で Ruby の基礎を学んだ後，Ruby を用いてゲーム開発をし，プレゼンテーションを行う。

　学生の間では，Git（分散型バージョン管理システム）やグループ開発など社会に出て使えそうな技術が学べる点，グループで一緒に活動することにより，協力して課題に取り組む体験ができる点が好評である。講師を務める IT エンジニアは，課題に対する学生の意欲的な取り組み姿勢を高く評価している。また，Ruby で制御できるデバイスを採り入れればさらに面白いものになると期待をかける。

　Ruby に関しては，連携講座とは別に，学校では産官と共同で「Ruby を実装した軽量のプログラミング言語 mruby/c を活用した授業実践」をテーマに掲げた研究にも取り組んでいる。

　なお，ソフトウェア関連の直近のコンテストにおいて，本校の学生が全国高専プログラミングコンテストで競技部門第 3 位（2022 年）を受賞した。

　以上，松江市（島根県）の Ruby City MATSUE プロジェクトに関連した自発的な IT 勉強会の活動について記述した。

　なお，本文中の関係者の所属・役職は断りのない限り，当時のものを記載し

---

25　渡部徹氏（松江工業高等専門学校情報工学科・教授）へインタビュー実施（2023 年 2 月 28 日）。

ている。また，第5節で使用した文献，資料等については，該当ページ下段の
脚注に表記している。


# 第6節　考　　察


　前節で記述した事例を吟味し分析を加えながら，仮説との整合性について確
認を行う。Ruby City MATSUE プロジェクトがスタートして3年目くらいか
ら，有志がIT勉強会をボランティアで立ち上げ，そこにエンジニアが集まっ
て学習活動は始まった。その後，解散したものも含めると，県内で15を超え
る勉強会が結成されている。ただ，新型コロナウイルス感染症の拡大を受け
て，活動を休止したり停止したりした勉強会は少なくない。オンライン方式で
開催すると，参加者が地域を越えて拡がる可能性はあるが，参加者間でバズが
行えず親近感が薄れる。地元のエンジニアは対面方式へのこだわりは強い。
　IT勉強会の開催件数に目をやると，島根県はソフト系従事者数当たりでみ
た開催の密度が高く，全国でも有数である（2019年のデータでは，情報サー
ビス産業従事者100人当たり8.25件の開催）。これは，Ruby City MATSUE
プロジェクトが及ぼしてきた影響である。
　今回，取り上げた3つの勉強会はそれぞれ掲げるテーマが違う。しかし，参


表4-13　3つの勉強会の概要

|  | Matsue. rb | 山陰 ITPro 勉強会 | 地域おこし XR 研究会 |
|---|---|---|---|
| テーマ | Ruby を中心に OSS | 情報セキュリティ | VR, MR, AR |
| 進め方 | 参加者は思い思いの作業を行いながら，自由に質問したり教え合ったりする | パソコンを使ったハンズオン方式，グループディスカッションなどアクティブな要素を重視 | 開発機材に触れたり，使ったりしながら，ゲームやコンテンツを作る楽しさを提供 |
| コミュニケーション | 毎回，ランチを一緒にとりながら親睦を深める | 毎回，全員が紹介し合う時間を設定 | 毎回，全員がライトニングトーク形式で発表し合う |

出所：筆者作成

加者が思い思いの作業をする中で自由に質問したり，ハンズオンやグループ
ディスカッションに取り組んだり，目新しい開発機材を使ってみたりする場を
作っている（表4-13を参照）。つまり，参加者が体験を通じて理解を深められ
るように運営されている。そして，Wenger *et al.*（2002）が定義する実践共同
体の3つの構成要素である領域（事例ではOSS，セキュリティ，XR），共同
体（継続的に相互作用する人々の集まり），実践（定期的な体験学習活動）を
明確にしている。中でも，Matsue.rbは発足以降ほぼ毎月開催していて，
2022年12月の定例会は第151回目を数えた。

　続いて，越境と事例の関係を確認する。事例の中では，公式組織に所属し
日々，規範的な行動や学習を行っているエンジニアは，それに加えて，職場外
の勉強会という非規範的な実践学習に参加している。中には，複数の勉強会に
参加しているエンジニアも少なくない。大学生や高専生については，学内の教
員による理論的な学習に取り組むだけでなく，IT企業の講師による実践的な
講座で学ぶ機会を得ている。また，前述の勉強会に参加する学生も見られる。
このように，地域のエンジニアや学生は職場の境界線，学校の境界線を越えて
実践的な学習に取り組んでいる状況が確認できる。

　エンジニアの勉強会参加の動機についてみていこう。Ruby City MATSUE
プロジェクトでは，2006年のスタートと同時に，しまねOSS協議会を設けて
オープンソースサロン（いわゆる研究会）を開催した。オープンソースソフト
ウェア（OSS）のリテラシー向上をめざして毎月，県外から講師を招き，興味
深い話題を地域の人々に提供した。経営者もエンジニアも自由に参加でき，企
業の枠にとらわれずに交流できる場が作られた。

　当時，東京などではエンジニアによるIT勉強会が活発に行われていた。し
かし，松江にはサロンはあってもテーマを絞り込んだ勉強会はなかった。事例
の中で，「RubyをテーマにしたMatsue.rb（まつえるびー）が勉強会を立ち
上げると，しばらく，満席状態が続いた。」という回想があるが，エンジニア
は勉強会の開催を待ち望んでいた様子がうかがえる。参加の動機として，「仕
事をする上で知らないことを知りたい」，「同じ立場の他のエンジニアと意見交
換をしたい」といったことが根底にあった。

　とりわけ，開発者コミュニティに支えられているプログラミング言語Ruby

表 4-14　IT 勉強会の発足状況（時系列）

| | 2008 年 | 2009 年 | 2010 年 | 2011 年 | 2012 年 | 2013 年 | 2014 年 | 2015 年以降 |
|---|---|---|---|---|---|---|---|---|
| 発足件数 | 1 | 1 | 1 | 2 | 0 | 1 | 3 | 8 |

出所：筆者調べ

を含めた OSS は，特定のベンダーが提供する非公開のソフトウェアとは異なり，利用において公開された共通の知識に関するオープンな情報交換が志向されている。この意味で Ruby をテーマに掲げた勉強会に対してエンジニアの関心は高かった。

　事例の中の勉強会は，高いスキルを持った有志（エンジニア）が関心を呼ぶテーマに絞り込んで立ち上げている点や，有志の上司が彼らの背中を押したり，スタッフとして協力したりしている点も，参加に影響を与えている。

　Ruby が共通した関心事であること，オープンソースサロンがエンジニアを刺激したことなどを踏まえると，以下の仮説 1 の内容が事例から確認できる。

　**「エンジニアは仕事への応用や発展性を感じる勉強会に対し，会社を越えてでも参加して，他のメンバーと関心や問題をシェアしながら一緒に学ぼうとする。」**

　引き続いて，勉強会に参加するメンバーの多様性についてみてみよう。有志によるボランティアの IT 勉強会が 2008 年に最初に発足して以降，勉強会は徐々に増えていき松江市以外に出雲市等でも結成の動きが出てきた（表 4-14 を参照）。Ruby や OSS への関心が拡がっていったことがうかがえる。

　プロジェクトの開始以降，島根県に進出したソフト系 IT 企業は累計 45 件（島根県企業立地課調べ）。進出によってエンジニア数は増加し，勉強会に参加するメンバーは増えている。大学生や高等専門学校の学生も参加している。今回取り上げた 3 つの勉強会のメンバー数はそれぞれ 200 名前後であるが，勉強会の数の増加とともに，複数の勉強会へ同時に参加する多重参加も目立っている。

　ネットワークの多様性の議論では，規模（サイズ）を次元の 1 つに挙げて人数を前提条件としている（宍戸，2006）。人数規模から考えて，3 つの勉強会

図 4-8　島根県の Ruby エンジニアの認定者数と非認定者数

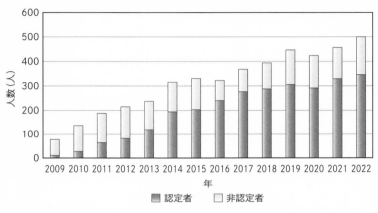

注）Ruby 認定技術者とは，（一財）Ruby アソシエーションが認定したゴールドとシル
　　バーの技術者の合計を示す。
出所：（一社）島根県情報産業協会『ソフト系 IT 業界の実態調査報告書』

のメンバーは多様化しているとみられる。また，硬直化を防ぐためにもメン
バーの多重参加が望ましい。複数に重複して参加することは，ネットワークに
新しい情報を流入，交差，結合させ，活力を与えて，ネットワークの新たな秩
序を形成する触媒の役割を果たす（朴，2002）。
　ところで，勉強会は職場外で行われているため，職場の中の学習に加えて，
さまざまな会社の多様なエンジニアに囲まれた中で学習することが可能な環境
である。それが及ぼす 1 つの表れとして，地域全体のエンジニアのスキルが高
まってきている。図 4-8 は Ruby にかかわるエンジニア数について，認定者数
と非認定者数の内訳を示している。認定試験制度に基づく認定者の人数とそれ
が占める割合が増加している様子が分かる。また，応用情報技術者などの資格
保有者についても増加が確認できる（第 5 節 3 項を参照）。
　情報技術の知識ストックとも呼ぶべき資格保有者数と従事者 1 人当たりのソ
フト系売上高の関係をみると，弾性値の軌道は図 4-9 に示した通りである（詳
細は第 5 節 3 項を参照）。全体を捉えると，プロジェクト開始以降，弾性値は
着実に上昇を辿っていることが特筆される。つまり，情報技術の知識ストック
の増加が 1 人当たり売上高の増加に高い誘発効果をもたらしている。実践的な

**図4-9　従事者1人当たり売上高の資格保有者数弾性値の軌道**

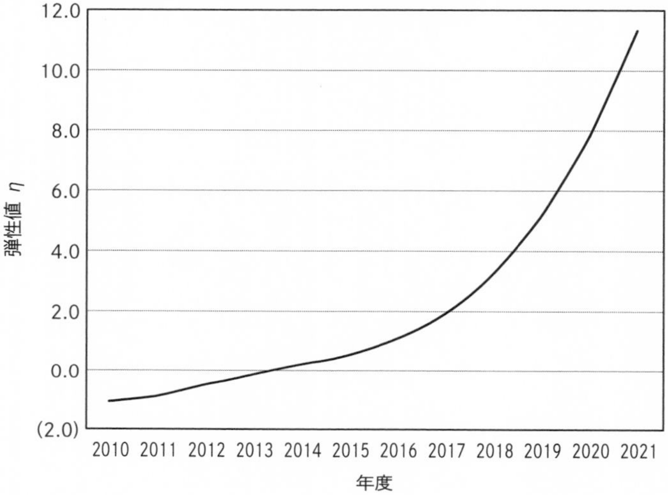

出所：筆者作成

　勉強会によるエンジニア同士の相互作用が資格取得だけでなく，保有する資格の仕事への活用方法などに対して好影響を与えている結果であるとみられる。
　メンバーの多様性とRuby認定者数などから判断する限り，以下の仮説2の内容が認められる。
　**「多重参加や新たな参加者による勉強会メンバーの多様化が，それまで自社内に限られていた学習環境を変えて，エンジニアのスキルに影響を与える。」**

　最後に，エンジニア間の人的なつながりと知識のシェアの状況についてみてみる。事例の中の勉強会は，県外から講師を招くなど県内では得にくい新しい知識を意識したり，ホロレンズ，MR HMD，VRゴーグルなどの目新しい開発機材を体験したりしながら運営されている。また，ランチを一緒にとる，常連も含め参加者全員が紹介し合う，ライトニングトーク形式で全員発表し合う，あるいは終了後に懇親会を開くなどコミュニケーションを心掛けている。勉強会は，目新しさ，楽しさや遊び心などサードプレイスの要素を含んだものとして捉えることができる。

　勉強会は居心地の良い交流の場として認識されていることが，参加者間の経験知の共有に影響を与えている。具体的な状況をみると，OSS について，「それぞれのソフトウェアの癖は何か，新バージョンでどんな点が改善されたのか」などの情報が身近に相談できる点，「そんな使い方をしたら上手くいかなかったので，こんな使い方に変えてみたらよくなった。」といった経験談が大いに役立っている。

　情報セキュリティに関しては，「こんなときにどうしたのか」，「今，仕事で直面している課題にどう対処するのか」といったトラブルシューティングについて，意見交換ができて参考になっている。バーチャルリアリティ（VR）では，参加者の作成したゲームを主宰者が商品化するモデリング（modeling）を通して，やって見せている。

　このように，経験知をシェアすることの重要性は，勉強会参加経験の豊富なシニアエンジニアが語った以下のコメントに凝縮されている。

　　　技術は失敗の繰り返しであり，結果が出たとしてもさらにその上に試行錯誤を重ね進化を遂げる。エンジニアは今の問題，次の課題にどう対処すればよいのかを求めている。それは本を読んでも書かれていない。この意味で，人がつながる勉強会への期待は大きい。（きむらしのぶ氏）[26]

　エンジニア同士のつながりに関しては，オープンソースカンファレンスや地域 Ruby 会議を地元で開催する際，勉強会のメンバーに声掛けをして実行委員会を編成し，企業を越えて協働している。仕事上では，個人間から企業間へと発展させた協働が行われている。また，NPO 法人 Ruby プログラミング少年団にみられるように，勉強会のメンバーがボランティアで協力している。

　実践共同体は参加者同士の関係をつなげて，アイデンティティに向かって結束を図るという側面も持っているが，勉強会においても関係を築いて協働が行われている状況は確認できた。

　勉強会への参加は，経験知に対する関心事だけでなく，エンジニア間の関係

---

26　きむらしのぶ氏へインタビュー実施（2023 年 3 月 28 日）。

構築，人のつながりも重要な求心力になっている。知識の獲得は単なる知識の「伝達─受容」のプロセスではなく，参加者間の状況・関係性から生じている。

　事例はサードプレイス的な要素を持ったものであり，以下の仮説3の内容が確認できる。

　「サードプレイスとしても認識される勉強会では，エンジニアは互いの状況を理解し合うことが，人的なつながりを促進する。また，相互の理解や関係が経験知の共有に影響を与える。」

# 第7節　お わ り に

　本章では，地域の産業振興の担い手となるエンジニアの越境的な学習に注目して，彼らが職場外部に目を向けて異なる視点を持つことが自らの学習を促進し，ひいては，エンジニア間の知識の共有や円滑な関係構築に影響を及ぼすことを明らかにしようとした。エンジニアの職場を越えた学習について，理論的な検討と内発的な勉強会の事例分析によって以下の諸点を確認することができた。

　エンジニアは仕事への応用や発展性を感じる勉強会に対し，会社を越えてでも参加して，他のメンバーと関心や問題をシェアしながら一緒に学ぼうとする。

　多重参加や新たな参加者による勉強会メンバーの多様化が，それまで自社内に限られていた学習環境を変えて，エンジニアのスキルに影響を与える。

　サードプレイスとしても認識される勉強会では，エンジニアは互いの状況を理解し合うことが，人的なつながりを促進する。また，相互の理解や関係が経験知の共有に影響を与える。

　この他にも，事例の分析を通じて次のような点が示唆される。勉強会という実践共同体の中で，人的なつながりが促進されることによって，経験知に関するトランザクティブ・メモリーシステムが築かれることになる。トランザクティブ・メモリーシステムは第3章で詳しく説明しているが，他者の知識を活用するために複数のメンバーの間でシェアされた集団レベルの記憶システムを指している。

第 **5** 章

# 境界線を越えてシェアされる知識

# 第1節　発見事項

　本書は，「人や企業の参画が基点となる地域の産業振興において，組織の境界線を越えて課題を解決するに当たり，どんな知識が協力を促進するのか。そのための仕組み―精神的な報酬をもたらしてくれる仕組み―をどのように築くのか。」を問いかけて，知識・スキルという無形の資源を無償でシェアし合う点，つまり知識共有に着目しながらふさわしい答えを探索することを目的とした。

　前章までは，知識に焦点を当てながら理論的な検討を行い，概念的に示した仮説について成長分野であるソフトウェア産業の事例研究を通じて検証してきた。産業振興では産学官のセクター，その中の実働セクターである企業，企業の中で中心的役割を果たすエンジニアがコミットすることが基礎となる。また，それぞれの立場において重視する知識は違う。どのような知識がやり取り（相互作用）され活用されたのか，各章を振り返りながら発見事項をまとめる。

## 〈セクターをまたぐシンボル〉

　多くの人々は共通して，地元の資源や歴史に関心を抱き，愛着を感じる。新しい産業創出であっても，地域資源がシンボルとなって意味づけられると，親近感を高め共感する。つまり，産学官の境界線をまたいで人々にシェアされやすい。そのために，シンボルは形式知であること，多義性を減らし1つの意味方向を指し示す一種の概念的知識として生成されることが重要である。

　事例では，「日本のLinuxのふるさとがRubyのメッカをめざす」がシンボルで，Rubyはオープンソースのソフトウェアである。草創段階で産学官によって民間主導の推進組織（しまねOSS協議会）を設立し，そこが業界の各IT企業にシンボルの意味や振興の考えを伝え，広く参画を呼び掛けた。その結果，協議会の法人会員は発足時の11社から2年余りで31社に拡大した。

　第2章では，産学官のセクターをまたぐシンボルに関して，次の点が示唆された。

① 組織をまたぐプロジェクトでは，認知レベルにおいて，共通性を映し出すシンボルが必要である。シンボルは，センスメーキングを通じて過去の経験，現在の経験，未来の予期の具現を連鎖させて意味づけるだけでなく，公正・公平の点からも解釈できることが重要である。

② また，行動レベルから見て，複数の組織が1つの集合体として機能するための工夫を意識する必要がある。シンボルに協力・共生の観点を加えて意味づけると，センスギビングを通じて協調行動が促される。

③ 組織をまたいで意味づけられたシンボルは，組織間の認知や行動に影響を与え，これまでゲートキーパー，橋渡しなどのように人や組織に注目して語られてきた境界連結の役割を手助けする道具となる。

　付け加えて言えば，これまで，シンボルは意味解釈のプロセスの中心であると認識されて，行動に対する影響力の手段としての役割はあまり説明されてこなかった。しかし，協力・共生の意味を含意するシンボルの場合は，センスギビングを通じて協調行動を促しやすいことが事例分析から確認できた。また，シンボルはセンスメーキングやセンスギビングによって多義性を減らせば，一種の概念的知識に近づく。それにより，意味が組織の境界線を越えてシェアされやすくなる。

### 〈企業をまたぐメタ知識〉

　どの企業も，大都市圏に接近して市場の動向や見通し，顧客ニーズの変化，技術動向などについて知りたい，情報を掴みたいと考えている。地域の境界線を越えて市場のメタ知識を収集し，活用することは企業の持続的な発展をもたらす。

　もし，地域の中にそうした知識に直接，接することができる場，あるいは，継続的に知識をやり取りできるような場があれば，どの企業もこぞって参加し，活用に努めるだろう。市場発のメタ知識が境界線を越えて地域でシェアされる仕掛けである。ここでいう大都市圏市場のメタ知識とは「誰が何を知っているのかを認識する」ことを指すトランザクティブ・メモリーである。

　事例では RubyWorld Conference などのテンポラリー・クラスターを継続して主催し，多くの県外からの来場者と直接，接する場を設けている。もちろ

ん，Ruby 開発者まつもと氏の発信力に依存するところは大きい。また，民間主導の推進組織が率先して研究会（オープンソースサロンと呼んでいる）を開き，大都市圏から招いた講演者を通じて県内では入手しにくいトランザクティブ・メモリーをやり取りする場を提供している。現在まで，14 回のRubyWorld Conference（2009〜22 年度），143 回のオープンソースサロン（2006〜22 年度）を開催している。

　第3章では，企業をまたぐトランザクティブ・メモリーに関して，次の点が示唆された。

① 産業振興では，地域外部に存在する公式的でないトランザクティブ・メモリーに注目して，市場や技術に関して適切な人を知るよう努めることが重要である。

② トランザクティブ・メモリーに効率よく接触する方法の1つは，テンポラリー・クラスター（カンファレンスなど）を継続して開催すること，そして，当地域に集まった地域外からの参加者とバズを介して情報交換を行うことである。開催の継続は，情報的影響力のある準拠集団としての当地域の認知を高める。

③ 地域が得たトランザクティブ・メモリーを，統合的・選択的に地域内へ伝搬させるよう工夫する。参加者間のバズを重視し，情報的刺激のある内容に配慮した「場」を作れば，知識が拡がりやすい。


〈職場をまたぐ経験知〉

　一般的に，エンジニアは新しい技術に対して，専門家に教えを請うたり，エンジニア仲間と情報を交換し合ったりして，知識への理解を深めようとする。スキル・ノウハウを含めたキャッチアップが常に求められている。とりわけ，ソースコードが公開されて利用者の多いオープンソースソフトウェア（OSS）の場合は，そうしたニーズが高く，使用時のスキル・ノウハウなどのような形式知化が難しい暗黙の経験知を企業の境界線を越えてシェアし合う傾向がみられる。非公開のソフトウェアとはやや違った行動である。

　事例では有志がボランティアで勉強会を主宰し，参加したエンジニアがソフトウェアに関する技術的な経験知をシェアしやすい環境を作り出している。こ

れまでに県内で 15 を超える勉強会が結成された。また，ソフト系従事者数当たりでみた勉強会の開催密度が全国で有数である。最初に発足したMatsue. rb（まつえるびー）では，すでに，150 回以上（2008～22 年）の勉強会を開催し，メンバー間で自発的なスキルアップを図ってきた。

　第 4 章では，職場をまたぐ経験知に関して，次の点が示唆された。

① 　エンジニアは仕事への応用や発展性を感じる勉強会に対し，会社を越えてでも参加して，他のメンバーと関心や問題をシェアしながら一緒に学ぼうとする。

② 　多重参加や新たな参加者による勉強会メンバーの多様化が，それまで自社内に限られていた学習環境を変えて，エンジニアのスキルに影響を与える。

③ 　サードプレイスとしても認識される勉強会では，エンジニアは互いの状況を理解し合うことが，人的なつながりを促進する。また，相互の理解や関係が経験知の共有に影響を与える。

　この他にも，事例の分析を通じて次のような点が見出された。勉強会という実践共同体の中で，人的なつながりが促進されることによって，経験知に関するトランザクティブ・メモリーシステムが築かれることになる。トランザクティブ・メモリーシステムは他者の知識を活用するために複数のメンバーの間でシェアされた集団レベルの記憶システムを指している。

## 知識の種類と共有

　地域の人々は地元の資源に関心を抱き，愛着を感じる。地域資源がシンボルになると親近感を高める。企業は大都市圏に接近し市場の動向や見通し，顧客ニーズの変化，技術動向に対してパワーを持つ人を知りたいと考えている。エンジニアは新しい技術に対して，スキル・ノウハウを含めたキャッチアップを常に求めている。産業振興に関係する人々のこうした関心事に注意を払う必要がある。

　そこで，関心事に対応した知識をやり取り（相互作用）できる仕組みが重要になる。事例では，地元資源をセンスメーキングを通じて未来の予期の具現と連鎖させて意味づけ，多義性を減らして一種の概念的知識としてのシンボルを

表 5-1　知識の種類

| | 関心事 | 知識 |
|---|---|---|
| 地域 | 地元資源 | 概念的知識（シンボル） |
| 企業 | 市場でパワーを持つ人 | メタ知識（トランザクティブ・メモリー） |
| エンジニア | 技術のキャッチアップ | 経験知 |

出所：筆者作成

生成した。シンボルは腑に落ちて地域の支持を得た。

　企業においてはリテラシーの向上をめざして，大都市圏市場発のトランザクティブ・メモリーのやり取りに焦点を当てている。エンジニア間では，職場を越えた経験知のやり取りが勉強会を中心にして自発的に行われている。

　表5-1に示したように，一括りに知識と言っても，「概念的知識」，「トランザクティブ・メモリー」，「経験知」，それぞれの立場から必要とする知識に照準を合わせている。また，明示的な知識もあれば明示がしにくい知識もある。

　事例では行政が地域資源のRubyに着目し，それを端緒に産業振興のプロジェクトがスタートしている。しかし，知識の共有の視点からみれば，その後の活動では「民間主導の推進組織」や「エンジニアの有志」が中心となって必要な知識のやり取りを促進している。

　民間主導の推進組織については，産学官が発起人となってしまねOSS協議会を設立し，会長は民間，事務局も民間に置いた。協議会は地場のIT企業にシンボルが意味する振興の考えを提示し参画を呼び掛けた。また，研究会（オープンソースサロン）を定期的に開催し，大都市圏から招いた講演者との交流を通じてリテラシーの向上をめざした。エンジニアの有志に関しては，前述の研究会に触発されたエンジニアが特定のテーマを掲げた勉強会をボランティアで主宰している。

　つまり，草創段階で行政が産学に協力を求めて推進組織を設立し，その後は推進組織が地場企業とセンスメーキングやセンスギビングを行いながらシンボルに対する理解と支持を求め，大都市圏市場発のトランザクティブ・メモリーがやり取りできる場を提供している。また，有志が実践共同体と呼ぶべき勉強会を通じて職場を越えた経験知のやり取りを活発化させている。時間的経過

表5-2　知識とそのやり取り

|  | 地域 | 企業 | エンジニア |
|---|---|---|---|
| 知識 | 概念的知識（シンボル） | メタ知識（トランザクティブ・メモリー） | 経験知 |
| 知識のやり取り | センスメーキング | トランザクティブ・メモリーシステム | 実践共同体 |
| 具体例 | 産業振興参画の呼び掛け | バズを重視した研究会 | 自発的な勉強会 |

出所：筆者作成

図 5-1　知識共有の全体図

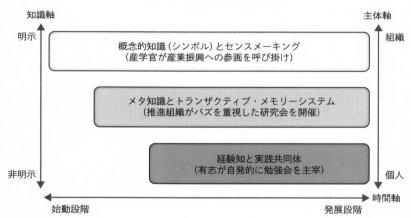

出所：筆者作成

とともに，行政に代わり民間，有志が知識の共有を推進する役割を担っている。

　各知識がやり取りされる状況を表5-2にまとめている。産業振興のめざす意味に納得しつつそれぞれの立場で必要な知識をやり取りし，シェアする過程が確認できる。図5-1は，各知識のやり取りとそれを推進する主体について，時間軸で表現している。

　知識の共有が自発的な勉強会の活動レベルにまで及んでいることは，地域資源を意味づけた振興のシンボルが腑に落ちて説得力を持って地域に受け入れら

れたことの証左である。つまり，産業振興においては，多様性を減らし概念的知識としてのシンボルを生成し，企業，エンジニアそれぞれの関心事に応じた知識が自由にやり取りできる環境を整えることが肝要である。

　第1章で，「知識はオープンな集合財であるからこそ，他者と分かち合い，学び合うものである」と定義したように，自己開示の考えに沿った知識の自由なやり取りが当事者間に精神的な報酬をもたらしている。

　シンボル，メタ知識，経験知をやり取りしシェアする結果，地域の情報技術の知識ストックが向上し，経済効果を誘発してきた。こうした連環が事前に意図した計画というよりも，試行錯誤や学習の過程を通じて事後的に現れてくる行動である創発的戦略として形成されている。

## オープンソースソフトウェアに触発された勉強会

　一般的に，産業振興の取り組みの中で，多数の勉強会が結成されるような例は少ない。事例はOSSのプログラミング言語Rubyを核にした産業振興である。振興プロジェクトに触発された有志によってボランティアの勉強会が連鎖的に立ち上げられた。施策や事業として特別に支援を受けたわけではなく，個人の意志による自発的な主宰である。

　OSSとは，ソースコードが公開されているソフトウェアを指し，原則無償で提供される。また，その開発者コミュニティは，自発的に参加する個人で構成され，そこには明示的な指揮命令系統はない。OSSではコミュニケーションと協働が決め手になる。

　オープンソースを特徴とした技術の場合は，他者からのフィードバックが得やすいため，勉強会と相性が良いとみられている。多数の勉強会が生まれる背景には，OSSの公正・協力の意味が含意されたシンボルの影響が大きいだろう，すなわち，OSSの特性が1つの動因になっていると考えられる。

## 情報技術の知識ストックの増加が1人当たり売上高の増加を誘発

　情報技術の知識ストックとも呼ぶべき資格保有者数と従事者1人当たりのソフト系売上高の関係をみると，資格保有者数弾性値は，プロジェクト開始以降，着実に上昇を辿った軌道を描いていることが確認できた。つまり，時間経

過とともに，資格保有者数の増加が1人当たり売上高の増加に高い誘発効果を
もたらしている。これは，実践的な勉強会によるエンジニア同士の相互作用が
資格取得だけでなく，保有する資格の仕事への活用方法などに対しても好影響
を与え，そうしたエンジニアのスキル向上が売上高を押し上げている結果であ
るとみられる。

## 既存の概念の適用範囲を拡大

　第2章のセンスメーキングの概念，第3章のトランザクティブ・メモリーや
トランザクティブ・メモリーシステムの概念は，学術的な関心を集め注目され
ている知見である。しかし，それらは単一の企業，あるいは，その中の1つの
部署，ないしは複数の部署を対象にした議論であったり，研究であったりする
ことが多い。

　本書では，それらの概念を産学官のセクターや複数の企業をまたぐ事象に援
用し，適用範囲を拡げた場合の条件などを確認した。特に，トランザクティ
ブ・メモリーシステムに関して言えば，現在，その手段は，ICTに依拠した
インターネット上のプラットフォームに代用されることが多いのかもしれな
い。しかし，企業の枠を越えて知識をシェアするには，自由に集い，フェー
ス・ツー・フェースでやり取りするのが原点であろう。事例ではそうした場は
研究会（オープンソースサロン）に当たる。産学官からなる事務局スタッフが
バズを重視した場の運営を担っているが，ある意味で，地域の強い紐帯を築い
ている様子が確認できた。


# 第2節　残された課題


　地域が取り組むべき産業振興のあり方に関して考察を行ってきた。地域に力
点を置いたため，同業の多くの企業に参画，連携，協力を働きかけ，全体とし
てのリテラシーを高めるという業界内部の関係構築に関心を払った内容であっ
た。ソフトウェアビジネスの現実は，IT業界以外の他業界が主戦場である。
つまり，さまざまな業界を巻き込んだ研究会なり，勉強会を主体的に開催し

て，IT業界がDX（digital transformation，デジタル変革）の推進を先導して
いかなければならない。したがって，他業界との関係構築を念頭に，どんな問
題を発見して解決していくかの視点を持ちながら産業の振興・発展を論じるこ
とが，次回の課題である。

　また，事例ではボランティアによる勉強会活動が行われている。施策や事業
としてではなく，自立的で内発的に取り組むメカニズムについて，別途，経営
学の適切な理論を適用しながら考察を進める必要があると感じている。

　なお，本書での事例は，イン（Yin, 1994）が示した「ユニークな現象や希
少な現象を観察する機会を作り出すために単一事例が選択される」という条件
に合致するところから，単一の事例研究であった。しかし，本事例以外にも内
発的な産業振興に取り組む例，オープンな特性を持った地域資源に注目する
例，テンポラリー・クラスターを活用する例など成果を上げている例は存在す
る。ICT産業にとどまらず他の分野の同様な事例についても本書で用いた理
論を援用し，さらなる経験的調査を重ねていきたい。


# 第3節　お わ り に


　草創・始動段階で，地域資源を未来の予期の具現と連鎖させ独自のシンボル
を生成した産業振興は説得力を持ち，境界線を越えて関係する人々に支持され
ること，そして，関係者それぞれの関心事に対応した知識をやり取りする場の
運営が，その後，大きな波及効果をもたらすことを事例が教えてくれている。
実際，島根県のソフト系IT産業の売上高は草創・始動期と比べると約3倍に
増加している。しかし，Rubyを用いた開発に限れば売上高の1割に満たな
い。つまり，Rubyは全体の売上高の伸長に対してきわめて大きな誘発効果を
生み出している。

　企業が知りたいと考える大都市圏の市場に存在するメタ知識のトランザク
ティブ・メモリーを企業間でシェアする場が生まれ，期限を設けず中長期的に
取り組む中で地域のリテラシーを高めることができた。オープンソースサロン
と呼ぶ研究会が2006年から現在まで143回開催されてきたことがそれを物

語っている。

　とりわけ，この研究会に触発された有志がボランティアの勉強会を結成し，エンジニアの自主的な学びを先導した（最初に発足した Matsue.rb では，すでに，150 回以上の勉強会を開催している）。有志の活動が他の勉強会の結成に影響を与えて，多くの勉強会が生まれていった（県内で 15 を超える勉強会が誕生）。また，勉強会をきっかけに協働してカンファレンスの開催・運営に取り組んだり，少年に対するプログラミング教育の NPO 活動に取り組んだりする例も生まれた。シンボルが意味する産業振興の考えが，企業，エンジニアへと伝播し，活動が波及的に拡がっている。

　オープンソースソフトウェア（OSS）のプログラミング言語 Ruby をシンボルに掲げたこと，つまり，OSS 由来の公正・協力の意味がシンボルに含意されたことも，組織の境界線を越えて知識の共有を推進した 1 つの要因である。

　地域の産業が人や組織の協力を生み出すには，境界線を越えて知識をシェアし合わなければならない状況を積極的に創り出すこと，そうしたアプローチが求められているのではなかろうか。

## インタビュー調査等での協力者について

　関係者の方々に対してインタビューや資料の提供をお願いしました。ご協力いただいた皆様は以下の通りです。ここに記して御礼申し上げます。

　なお，所属・役職は各章の本文を含めて断りのない限り，当時のものを記載しています。

第1章

| インタビュイー | 所属 | インタビュー日時 |
|---|---|---|
| 北村　功氏 | (株)島根情報処理センター・代表取締役社長 | 2023年3月27日 14:00〜15:30 |
| 小村淳浩氏 | (株)イーグリッド・代表取締役CEO | 2023年3月27日 16:30〜17:30 |
| 安達昌明氏 | 島根県産業振興課情報産業振興室・室長 | 2023年2月28日 16:00〜17:00 3月28日 10:00〜11:30 |
| 山根　泉氏 | (一社)島根県情報産業協会・事務局長 | 2022年9月21日電子メール |

第2章

| インタビュイー | 所属 | インタビュー日時 |
|---|---|---|
| 田中哲也氏 | 元松江市役所／当時の商工課長 | 2022年5月12日 14:30〜17:30 7月28日 16:00〜17:30 10月27日 10:00〜11:30 |
| 井上　浩氏 | (株)ネットワーク応用通信研究所・代表取締役 | 2022年5月13日 9:00〜10:30 2023年3月1日 9:00〜10:00 |
| 野田哲夫氏 | 島根大学法文学部・教授 | 2022年3月17日 13:30〜15:00 5月12日 16:00〜17:30 10月26日 15:30〜16:30 |
| 吉岡　宏氏 | 前(一社)島根県情報産業協会・会長／前(株)テクノプロジェクト・代表取締役 | 2022年10月28日 9:30〜11:00 |

第 3 章

| インタビュイー | 所属 | インタビュー日時 |
|---|---|---|
| 前田修吾氏 | (株)ネットワーク応用通信研究所・取締役 | 2022 年 10 月 27 日 14:00〜15:30 |
| 杉原健司氏 | 前島根県産業振興課／現 Welfamily(株)・代表取締役 | 2022 年 7 月 28 日 10:45〜12:15 |
| きむらしのぶ氏 | システムアトリエ ブルーオメガ・代表 | 2022 年 7 月 28 日 14:00〜15:30 9 月 8 日 13:00〜14:30 10 月 27 日 17:30〜18:30 |
| 前田　剛氏 | ファーエンドテクノロジー(株)・代表取締役 | 2022 年 7 月 29 日 13:00〜14:00 |
| 岩石　睦氏 | ファーエンドテクノロジー(株)・取締役 | 2022 年 9 月 8 日 10:00〜11:15 |
| 倉橋　徹氏 | (株)イーストバック・代表取締役 | 2022 年 10 月 28 日 13:00〜14:00 |
| 佐々木仁志氏 | 島根県産業振興課情報産業振興室・室長 | 2022 年 3 月 17 日 16:00〜17:00 |
| 松島健一氏 | 島根県企業立地課・調整監 | 2022 年 3 月 17 日 16:00〜17:00 |
| 福田一斎氏 | 松江市教育委員会学校教育課・係長 | 2022 年 10 月 26 日 13:00〜14:00 |
| 岩田　輝氏 | 松江市定住企業立地推進課・副主任 | 2022 年 7 月 29 日 10:00〜11:30 |
| 曽田周平氏 | 松江市まつえ産業支援センター・副主任 | 2022 年 3 月 18 日 10:00〜11:15 |
| 廣冨哲也氏* | 島根大学総合理工学部・教授 | 2022 年 10 月 21 日 10:30〜11:30 |
| 渡部　徹氏 | 松江工業高等専門学校情報学科・教授 | 2023 年 2 月 28 日 10:00〜11:15 |

注）＊印はオンライン方式で実施。

第 4 章

| インタビュイー | 所属 | インタビュー日時 |
|---|---|---|
| 岩石　睦氏 | ファーエンドテクノロジー（株）・取締役 | 2022 年 9 月 8 日 10:00〜11:15<br>2023 年 2 月 27 日 15:30〜16:30 |
| 高尾宏治氏 | （株）ネットワーク応用通信研究所・上級研究員 | 2022 年 9 月 7 日 13:00〜14:00<br>2023 年 3 月 1 日 15:00〜16:15＊ |
| 佐田明弘氏 | （株）ネットワーク応用通信研究所・研究員 | 2022 年 9 月 7 日 13:00〜14:30<br>2023 年 3 月 1 日 15:00〜16:15 |
| 山田宏道氏＊ | （株）トルクス・代表取締役 | 2022 年 9 月 29 日 16:00〜17:15 |
| 野宗輝邦氏 | （一社）チエノワ・代表理事 | 2022 年 9 月 7 日 16:00〜17:30 |
| きむらしのぶ氏 | システムアトリエ ブルーオメガ・代表 | 2023 年 3 月 28 日 13:00〜14:00 |
| 倉橋　徹氏 | （株）イーストバック・代表取締役 | 2023 年 3 月 6 日電子メール<br>4 月 6 日電子メール |
| 廣冨哲也氏＊ | 島根大学総合理工学部・教授 | 2022 年 3 月 18 日 15:00〜16:15<br>10 月 21 日 10:30〜11:30 |
| 渡部　徹氏 | 松江工業高等専門学校情報工学科・教授 | 2023 年 2 月 28 日 10:00〜11:00 |

注）＊印はオンライン方式で実施。

# 収録論文初出一覧

　本書に収録された論文の初出は以下の通りである。ただし，収録に当たって，加筆・修正を行っている。下記以外の章は，すべて書き下ろしである。

第2章

　「組織をまたいだセンスメーキングとシンボル―ソフトウェア産業の振興をめざす Ruby City MATSUE プロジェクトの事例分析―」『経営情報研究』第 30 巻 1・2 号，2023 年 2 月，17-55 頁。

第3章

　「地域をまたいだトランザクティブ・メモリー―ソフトウェア産業の振興に取り組む Ruby City MATSUE プロジェクトの事例分析―」『経営情報研究』第 30 巻 1・2 号，2023 年 2 月，81-119 頁。

## 参考文献

A

Almond, G., & Verba, S. (1963), *The Civic Culture : Political Attitudes in Five Western Democracies*, Princeton University Press.

Anderson, C. (2009), *Free : How today's smartest businesses profit by giving something for nothing*, Hyperion.（小林弘人監修，高橋則明訳（2009）『フリー——〈無料〉からお金を生みだす新戦略——』NHK出版。）

Anderson, H. H. (1959), Creativity as personality development. In H. H. Anderson (Ed.), *Creativity and its cultivation* (pp. 119-141), Harper & Raw.

Anderson, J. R. (1982), Acquisition of cognitive skill, *Psychological review*, 89, 369-406.

Anderson, J. R. (1983), *The Architecture of Cognition*, Harvard University Press.

安藤清志（1986）「対人関係における自己開示の機能」『東京女子大学紀要論集』36(2)，167-199。

Antal, A. B. (2004), The centrality of "between" in intellectual entrepreneurship. In S. Kwiatkowski, & P. Houdayer (Eds.), *Knowledge café for intellectual entrepreneurship through or against institutions* (pp. 27-52), Leon Kozminski Academy of Entrepreneurship and Management.

Antorini, Y. M, Muñiz, Jr. A. M., & Askildsen, T. (2012), Collaborating With Customer Communities : Lessons From the Lego Group, *MIT Sloan Management Review*, 53(3), 73-79.

Aoshima, Y. (1996), Knowledge transfer across generations : the impact on product development performance in the automobile industry, Doctoral dissertation, MIT.

青島矢一・延岡健太郎（1997）「プロジェクト知識のマネジメント」『組織科学』31(1)，20-36。

青山幹雄（2002）「オープンソースソフトウェアの現状」『情報処理』43(12)，1319-1324。

荒木淳子（2007）「企業で働く個人の「キャリアの確立」を促す学習環境に関する研究：実践共同体への参加に着目して」『日本教育工学会論文誌』31(1)，15-27。

荒木淳子（2009）「企業で働く個人のキャリアの確立を促す実践共同体のあり方に関する質的研究」『日本教育工学会論文誌』33(2)，131-142。

Asheim, B. (2007), Differentiated knowledge bases and varieties of regional innovation systems, *Innovation : The European Journal of Social Science Research*, 20(3), 223-241.

Asheim, B., Coenen, L., & Vang, J. (2007), Face-to-face, Buzz, and Knowledge Bases : Sociospatial Implications for Learning, Innovation, and Innovation Policy, *Environment and Planning C : Government and Policy*, 25, 655-670.

Astley, W. G., & Fombrun, C. J. (1983), Collective strategy : Social ecology of organizational environments, *Academy of Management Review*, 8(4), 576-587.

# B

Baldwin, C. Y., & Clark, K. B.(2000), *Design Rules : The Power of Modularity*, MIT Press.

Bartunek, J. M.(1984), Changing interpretive schemes and organizational restructuring : The example of a religious order, *Administrative Science Quarterly*, 29, 355-372.

Bathelt, H., Malmberg, A., & Maskell, R.(2004), Clusters and knowledge : locul buzz, global pipelines and the process of knowledge creation, *Progress in Human Geography*, 28(1), 31-56.

Bathelt, H., & Schuldt, N.(2008), Temporary Face-to-face Contact and the Ecologies of Global and Virtual Buzz, *SPACES Online*, 6(2008-04), 1-23.

Bechky, B. A.(2003), Sharing Meaning Across Occupational Communities : The Transformation of Understanding on a Production Floor, *Organization Science*, 14(3), 312-330.

Botsman, R.(2015), *Defining the sharing economy : What is collaborative consumption - And what isn't ?*, Fast Company.

Botsman, R., & Rogers, R.(2010), *What's Mine Is Yours : The Rise of Collaborative Consumption*, Harper Business.（小林弘人監修，関美和訳（2010）『シェア〈共有〉からビジネスを生みだす新戦略』NHK出版。）

Brown, J. S., Collins, A., & Duguid, P.(1989), Situated cognition and the culture of learning, *Educational Researcher*, 18, 32-42.

Brown, J. S., & Duguid, P.(1991), Organizational learning and communities-of-practice : Toward a unified view of working, learning, and innovation, *Organization Science*, 2(1), 40-57.

Bruce, A. T. (2010), *Seven Languages in Seven Weeks : A Pragmatic Guide to Learning Programming Languages*, Pragmatic Programmers, LLC.（まつもとゆきひろ監訳，田和勝訳（2011）『7つの言語 7つの世界』オーム社。）

Burnkrant, R. E., & Cousineau, A.(1975), Informational and Normative Social Influence in Buyer Behavior, *Journal of Consumer Research*, 2(3), 206-215.

Byrne, D., & Nelson, D. (1965), Attraction as a linear function of proportion of positive reinforcements, *Journal of Personality & Social Psychology*, 1, 659-663.

# C

Chen, C. C., & Meindl, J. R.(1991), The construction of leadership images in the popular press : The case of Donald Burr and People Express, *Administrative Science Quarterly*, 36(4), 521-551.

Clark, K. B., & Fujimoto, T.(1991), *Product Development Performance : Strategy, Organization, and Management in the World Auto Industry*, Harvard Business School Press.

Cohen, W. M., & Levinthal, D. A.(1990), Absorptive capacity : A new perspective on learning and innovation, *Administrative Science Quarterly*, 35(1), 128-152.

Csikszentmihalyi, M.(1990), *Flow : The psychology of optimal experience*, Harper and Row.

# D

Dandridge, T. C., Mitroff, I., & Joyce, W. F.(1980), Organizational Symbolism : A topic to expand organizational analysis, *Academy of Management Review*, 5(1), 77-82.

Deshpandé, R.(1999), Introduction. In R. Deshpandé(Ed.), *Developing A Market Orientation*(pp. 1-6), Sage Publications.


**E**

Edmondson, A. C. (2019), *The fearless organization : Creating psychological safety in the workplace for learning, innovation, and growth*, John Wiley & Sons.（野津智子訳（2021）『恐れのない組織』英治出版。）

遠藤由美（2009）『社会心理学』ミネルヴァ書房。

Engeström, Y.(2004), New forms of learning in co-configuration work, *Journal of Workplace Learning*, 16(1・2), 11-21.

Engeström, Y.(2007), Enriching the Theory of Expansive Learning : Lessons from Journeys toward Co-Configuration, *Mind Culture, and Activity*, 14(1・2), 23-39.

Engeström, Y., Engeström, R., & Kärkkäinen, M.(1995), Polycontextuality and boundary crossing in expert cognition : Learning and problem solving in complex work activities, *Learning and Instruction*, 5(4), 319-336.

Etzkowitz, H.(2008), *The Triple Helix : University-Industry-Government Innovation in Action*, Routledge.（三藤利雄・堀内義秀・内田純一訳（2009）『トリプルヘリックス―大学・産業界・政府のイノベーション・システム―』芙蓉書房出版。）


**F**

Fenwick, T.(2001), Tides of change : New themes and questions in workplace learning, *New directions for adult and continuing education*, 92, 3-17.

Ferguson, J., & Taminiau, Y.（2014）, Conflict and learning in inter-organizational online communities : Negotiating knowledge claims, *Journal of Knowledge Management*, 18(5), 886-904.

Ferlie, E., Fitzgerald, L., Wood, M., & Hawkins, C.(2005), The nonspread of innovations : the mediating role of professionals, *Academy of Management Journal*, 48(1), 117-134.

Firth, R.(1973), *Symbols : Public and Private*, George Allen & Unwin.

Fisher, D. (1984), A conceptual analysis of self-disclosure, *Journal for the Theory of Social Behaviour*, 14, 277-296.

Franks, J.(2010), Boundary organizations for sustainable land management : The example of Dutch Environmental Co-operatives, *Ecological Economics*, 70(2), 283-295.

French, J. R. P., & Raven, B.(1960), The Base of Social Power. In D. Cartwright, & A. F. Zander (Eds.), *Group Dynamics*(2nd ed.)(pp.607-623), Row, Peterson.

福田豊・須藤修・早見均（1997）『情報経済論』有斐閣アルマ。

福島真人（1995）「身体を社会的に構築する」福島真人編『身体の構築学』(pp.1-66)，ひつじ書房。

# G

Gaertner, S. L., Dovidio, J. F., Anastasio, P. A., Bachman, B. A., & Rust, M. C.(1993), The Common Ingroup Identity Model：Recategorization and the Reduction of Intergroup Bias, *European Review of Social Psychology*, 4(1), 1-26.

Gaertner, S. L., Dovidio, J. F., Nier, J. A., Banker, B. S., Ward, C. M., Houlette, M., & Loux, S.(2000), The Common Ingroup Identity Model for Reducing Intergroup Bias：Progress and challenges. In D. Capozza, & R. Brown(Eds.), *Social identity processes：Trends in theory and research*(pp. 133-148), Sage Publications.

Gaertner, S. L., Dovidio, J. F., & Samuel, G.(2000), *Reducing intergroup bias：The common ingroup identity model*, Psychology Press.

Gertler, M. S.(1995), Being there：proximity, organization, and culture in the development and adoption of advanced manufacturing technologies, *Economic Geography*, 71, 1-26.

Gioia, D. A.(1986), Symbols, Scripts, and Sensemaking：Creating meaning in the organizational experience. In H. P. Sims, Jr., & D. A. Gioia(Eds.), *The Thinking Organization*(pp. 49-74), Jossey-Bass.

Gioia, D. A., & Chittipeddi, K.(1991), Sensemaking and sensegiving in strategic change initiation, *Strategic Management Journal*, 12(6), 433-448.

Gioia, D. A., Thomas, J. B., Clark, S. M., & Chittipeddi, K.(1994), Symbolism and Strategic Change in Academia：The Dynamics of Sensemaking and Influence, *Organization Science*, 5(3), 363-383.

Goffman, E.(1974), *Frame Analysis*, Harvard University Press.

González, R., & Brown, R.(2003), Generalization of positive attitude as a function of subgroup and superordinate group identifications in intergroup contact, *European Journal of Social Psychology*, 33, 195-214.

Grabher, G.(2002), Cool projects, boring institutions：temporary collaboration in social context, *Regional Studies*, 36, 205-214.

# H

Hamari, J., Sjöklint, M., & Ukkonen, A.(2016), The sharing economy：Why people participate in collaborative consumption, *Journal of The Association for Information Science and Technology*, 67(9), 2047-2059.

春木豊（1988）「「からだ言葉」の心理行動学―身体分析と体動訓練―」『人間科学研究』1(1), 73-82。

林聖子（2001）「大都市における IT 関連企業集積とインキュベーション機能」『産業立地』（日本立地センター）40(6), 10-15。

Hayek, F. A.(1945), The use of Knowledge in Society, *American Economic Review*, 35(4), 519-530.

Heavey, C., & Simsek, Z.(2015), Transactive memory systems and firm performance：An upper echelons perspective, *Organization Science*, 26(4), 941-959.

Hogg, M. A.(1993), Group Cohesiveness：A Critical Review and Some New Directions, *European*

*Review of Social Psychology*, 4(1), 85-111.

Hollingshead, A. B. (1998), Communication, learning, and retrieval in transactive memory systems, *Journal of experimental social psychology*, 34(5), 423-442.

Hollingshead, A. B.(2001), Cognitive interdependence and convergent expectations in transactive memory, *Journal of personality and social psychology*, 81(6), 1080-1089.

Horwitz, S. K., & Horwitz, I. B.(2007), The Effects of Team Diversity on Team Outcomes：A Meta-Analytic Review of Team Demography, *Journal of Management*, 33(6), 987-1015.

星貴子（2016）「地域産業振興策の現状と課題―推進組織からみた地域産業振興の在り方―」『JRI レビュー（日本総合研究所論集）』7(37), 2-30.

Hur, J. W., & Brush, T. A.(2009), Teacher participation in online communities：Why do teachers want to participate in self-generated online communities of K-12 teachers?, *Journal of Research on Technology in Education*, 41(3), 279-303.


**I**

飯尾淳（2014）「IT 技術者の自己研鑽に関する考察」『紀要社会学・社会情報学』24, 69-81。

池田謙一（2010）「参加と信頼」池田謙一・唐沢穣・工藤恵理子・村本由紀子『社会心理学』第13章, 有斐閣。

稲垣京輔（2003）『イタリアの起業家ネットワーク―産業集積プロセスとしてのスピンオフの連鎖―』白桃書房。

Ingram, D. R.(1971), The Concept of accessibility：A search for an operational form, *Regional Studies*, 5, 101-107.

井上福子（2014）「組織変革への言語的アプローチとしてのセンスギビング―公的研究機関の組織変革事例―」『日本情報経営学会誌』35(1), 96-106。

石山恒貴（2015）『時間と場所を選ばない パラレルキャリアを始めよう！』ダイヤモンド社。

石山恒貴（2018）『越境的学習のメカニズム―実践共同体を往還しキャリア構築するナレッジ・ブローカーの実像―』福村出版。

礒田正美・原田耕平（1999）『生徒の考えを活かす問題解決授業の創造―意味と手続きによる問いの発生と納得への解明―』明治図書。

伊丹敬之（1999）『場のマネジメント―経営の新パラダイム―』NTT 出版。

岩崎浩（1994）「メタ知識の意味」『数学教育研究』9, 33-42。


**J**

Jackson, S. E., May, K. E., & Whitney, K.(1995), Under the dynamics of diversity in decision-making teams. In R. A. Guzzo, & E. Salas(Eds.), *Team effectiveness and decision making in organizations*(pp.204-261), Jossey-Bass.

Janes, F. R.(1995), Interactive Management：Framework, Practice and Complexity. In K. Ellis, A. Gregory, & B. R. Mears-Young, (Eds.), *Critical Issues in Systems Theory and Practice*(pp. 51-60), Springer.

Janzik, L., & Raasch, C.(2011), Online communities in mature markets：Why join, why innovate, why share?, *International Journal of Innovation Management*, 15(4), 797-836.

Jeon, S., Kim, Y. G., & Koh, J. (2011), An integrative model for knowledge sharing in communities-of-practice, *Journal of Knowledge Management*, 15(2), 251-269.

神野直彦（2010）『「分かち合い」の経済学』岩波新書。

Johnson, G., Langley, A., Melin, L., & Whittington, R. (2007), *Strategy as Practice：Research Directions and Resources*, Cambridge University Press.（高橋正泰監訳，宇田川元一・高井俊次・間嶋崇・歌代豊訳（2012）『実践としての戦略―新たなパースペクティブの展開―』文眞堂。）

Jong, T. D., & Ferguson-Hessler, M. (1996), Types and qualities of knowledge, *Educational psychologist*, 31(2), 105-113.

Joshi, A., & Roh, H. (2009), The role of context in work team diversity research：A meta-analytic review, *Academy of Management Journal*, 52(3), 599-627.

**K**

香川秀太（2015）「『越境的な対話と学び』とは何か―プロセス，実践方法，理論―」香川秀太・青山征彦編『越境する対話と学び―異質な人・組織・コミュニティをつなぐ―』（pp.35-64），新曜社。

亀倉正彦・栗本英和（2019）「組織間関係における対立・並立する価値のマネジメント―瀬戸市における都市環境の持続的発展の視点から―」『組織学会大会論文集』8(1)，240-246。

神戸和雄（2014）「オープンソースソフトウェアの利用と企業情報システム開発」『三田商学研究』56(6)，81-86。

唐沢穣（2010）「対人関係」池田謙一・唐沢穣・工藤恵理子・村本由紀子『社会心理学』第7章，有斐閣。

岸田民樹編（2005）『現代経営組織論』有斐閣ブックス。

北真収（2014）「新興企業の情報開示と価格の公正獲得」『岡山大学経済学会雑誌』46(2)，43-59。

北真収（2019）『組織の自己再生マネジメント―市場探求と技術活用の両利きの学習プロセス―』文眞堂。

北真収（2021）「地域産業のイノベーション・エコシステム―正統性の獲得から見た自治体の役割―」『経営情報研究』28(1・2)，95-119。

北真収（2022）「情報の信頼性とデジタル媒介者の役割―エシカル商品の取引を例として―」『経営情報研究』29(1・2)，95-117。

北嶋守（2018）「ヘルスケア産業クラスター形成の日本的特質―中小企業のイノベーションによる産業集積変換モデル―」『東京大学博士論文（要約）』。

Klein, G., Moon, B., & Hoffman, R. R. (2006a), Making sense of sensemaking 1：Alternative Perspectives, *IEEE intelligent systems*, 21(4), 70-73.

Klein, G., Moon, B., & Hoffman, R. R. (2006b), Making sense of sensemaking 2：A Macrocognitive Model, *IEEE intelligent systems*, 21(5), 88-92.

小林伸生（2014）「知識のスピルオーバー効果の比較研究―情報通信, 自動車, 医薬品―」『経済学論究』68(3)，445-465。

Kogut, B., & Zander, U. (1992), Knowledge of the firm, combinative capabilities, and the replication of technology, *Organization Science*, 3(3), 383-397.

Kohli, A. K., & Jaworski, B. J.(1990), Market Orientation：The Construct, Research Propositions, and managerial Implications, *Journal of Marketing*, 54, April, 1-18.

國領二郎・プラットフォームデザインラボ編（2011）『創発経営のプラットフォーム—協働の情報基盤づくり—』日本経済新聞出版社。

Krugman, P., & Wells, R.(2006), *Macroeconomics*, Worth Publishers.

桑原洋（2006）「オープンソースソフトウェア（OSS）発展への期待」『情報処理』47(4)，418-420。

**L**

Lane, P., Koka, B., & Pathak, S.(2006), The Reification of Absorptive Capacity：A Critical Review and Rejuvenation of the Construct, *Academy of Management Review*, 31(4), 833-863.

Lave, J., & Wenger, E.(1991), *Situated learning：Legitimate peripheral participation*, Cambridge University Press.（佐伯胖訳（1993）『状況に埋め込まれた学習—正統的周辺参加—』産業図書。）

Lessig, L.(2008), *Remix：Making Art and Commerce Thrive in the Hybrid Economy*, Penguin Press.（山形浩生訳（2010）『REMIX—ハイブリッド経済で栄える文化と商業のあり方—』翔泳社。）

Levine, S., & White, P. E.(1961), Exchange As a Conceptual Framework for the Study of Interorganizational Relationship, *Administrative Science Quarterly*, 5(4), 538-601.

Lewis, K.(2003), Measuring transactive memory systems in the field：scale development and validation, *Journal of applied psychology*, 88(4), 587-604.

Lewis, K., & Herndon, B.(2011), Transactive memory systems：Current issues and future research directions, *Organization Science*, 22(5), 1254-1265.

Lichtenthaler, U.(2009), Absorptive Capacity, Environmental Turbulence, and the Complementarity of Organizational Learning Processes, *Academy of Management journal*, 52(4), 822-846.

Lind, E. A.(2001), Fairness heuristic theory. In J. Greenberg, & R. Cropanzano(Eds.), *Advances in Organizational Justice*(pp.56-88), Stanford University Press.

Lind, E. A., & Van den Bos, K.(2002), When fairness works：Toward a general theory of uncertainty management, *Research in Organizational Behavior*, 24, 181-223.

Lorentzen, A.(2007), The Geography of Knowledge Sourcing：A Case Study of Polish Manufacturing Enterprises, *European Planning Studies*, 15, 467-486.

Louis, M. R. (1980), Surprise and Sensemaking：What Newcomers Experience in Entering Unfamiliar Organizational Settings, *Administrative Science Quarterly*, 25(2), 226-251.

Luisi, P. L.(2006), *The Emergence of Life from Chemical Origins to Synthetic Biology*, Cambridge University Press.（白川智弘・郡司ペギオ-幸夫訳（2009）『創発する生命』NTT出版。）

**M**

MacIver, R. M.(1970), *Community, a sociological study：being an attempt to set out the nature and fundamental laws of social life*(4th ed.), Frank Cass & Co.（中久郎・松本通晴監訳（2009）『コミュニティー社会学的研究―社会生活の性質と基本法則に関する一試論―』ミネルヴァ書房。）

Maitlis, S., & Christianson, M. K.(2014), Sensemaking in Organizations : Taking stock and moving forward, *Academy of Management Annals*, 8(1), 57-125.

牧野泰典（2000）「小集団活動における「経験知の伝達」の役割」『立命館産業社会論集』36(2)，41-61。

March, J. G., Sproull, L. S., & Tamuz, M.(1991), Learning from Samples of One or Fewer, *Organization Science*, 2(1), 1-13.

丸野由希（2015）「Ruby コミュニティと rails girls ―オープンソースを支えるコミュニティと運動―」『京都女子大学現代社会研究』18，107-115。

Maskell, P., Bathelt, H., & Malmberg, A.(2004), Temporary Clusters and Knowledge Creation : The Effects of International Trade Fairs, Conventions and Other Professional Gatherings, *SPACES Online*, (2004-04), 1-34.

Maskell, P., Bathelt, H., & Malmberg, A.(2006), Building Global Knowledge Pipelines : The Role of Temporary Clusters, *European Planning Studies*, 14, 997-1013.

松原宏編（2002）『立地論入門』古今書院。

松原宏編（2013）『日本のクラスター政策と地域イノベーション』東京大学出版会。

松本雄一（2012）「二重編み組織についての一考察」『商学論究』59(4)，73-100。

松尾睦・細井謙一・吉野有助・楠見孝（1999）「営業の手続的知識と業績」『流通研究』2(1)，43-57。

McBreen, P.(2002), *Software Craftsmanship : The New Imperative*, Addison-Wesley.

McDermott, R.(1999), Learning Across Teams, *Knowledge Management Review*, 8, 32-36.

Mell, J. N., Van Knippenberg, D., & Van Ginkel, W. P.(2014), The catalyst effect : The impact of transactive memory system structure on team performance, *Academy of Management Journal*, 57(4), 1154-1173.

宮原徹・姉崎章博（2021）『オープンソースの教科書』C&R 研究所。

水野真彦・立見淳哉（2008）「認知的近接性，イノベーション，産業集積の多様性」『季刊経済研究』30(3)，1-14。

Mohammed, S., & Nadkarni, S.(2014), Are we all on the same temporal page? The moderating effects of temporal team cognition on the polychronicity diversity-team performance relationship, *Journal of Applied Psychology*, 99(3), 404-423.

Moreland, R. L.(1999), Transactive memory : Learning who knows what in work groups and organizations. In L. Thompson, D. Messick, & J. Levine (Eds.), *Shared cognition in organizations : The management of knowledge*(pp.3-31), Lawrence Erlbaum.

Morgan, G.(1986), *Images of Organization*, Sage publications.

N

長岡健（2015）「経営組織における水平的学習への越境論アプローチ」香川秀太・青山征彦編『越境する対話と学び―異質な人・組織・コミュニティをつなぐ―』(pp.65-81)，新曜社。

長岡健・橋本論（2021）「越境学習，NPO，そして，サードプレイス―学習空間としてのサードプレイスに関する状況論的考察―」『日本労働研究雑誌』63(7)，31-43。

長山宗広（2012）『日本的スピンオフ・ベンチャー創出論―新しい産業集積と実践コミュニティを事例とする実証研究―』同友館。

中原淳（2012）『経営学習論―人材育成を科学する―』東京大学出版会。

中村三紀（2004）「わが国「産業クラスター政策」の生成プロセスに関する実証的・理論的研究」『立教ビジネスデザイン研究』1，113-126。

中西善信（2021）「越境における状況共有の機能―組織横断と状況横断の関係の検討から―」『日本労務学会誌』21(3)，5-17。

西本恵子（2021）「国際会議・MICE産業の挑戦―世界の動向とビジネスモデル再構築―」『観光マネジメント・レビュー』1(0)，2-9。

野田哲夫・丹生晃隆（2009）「オープンソースソフトウェアの開発モチベーションと労働時間に関する考察」『経済科学論集』（島根大学）35，71-93。

**O**

大貝健二（2012）「地域内経済循環の構築と地域産業振興―北海道・十勝地域を事例として―」『経済地理学年報』58(4)，309-323。

大久保敏弘・岡崎哲二（2015）「産業政策と産業集積―「産業クラスター計画」の評価―」『経済産業研究所 RIETI Discussion Paper Series』15-J-063。

大森寛文（2017）「価値共創マーケティング論におけるサービス・プロセスの概念と分析視座に関する考察」『明星大学経営学研究紀要』12，71-93。

大沼沙樹（2016）「トランザクティブ・メモリー・システムと部門成果に関する実証研究」『商学研究科紀要』（早稲田大学）82，1-20。

太田肇（1993）『プロフェッショナルと組織―組織と個人の「間接的統合」―』同文舘出版。

岡本卓也（2007）「集団間交渉時の認知的バイアス―他集団の参入が既存集団の影響力の知覚に及ぼす効果―」『実験社会心理学研究』46(1)，26-36。

岡本義行（2009）「産業集積の転換可能性―なぜ産業集積は進化するのか―」『イノベーション・マネジメント』6，23-40。

Oldenburg, R.(1989), *The great good place*：*Cafés, coffee shops, bookstores, bars, hair salons and other hangouts at the heart of a community*, Paragon House.（忠平美幸訳（2013）『サードプレイス―コミュニティの核になる「とびきり居心地よい場所」―』みすず書房。）

Olson, M.(1965), *The Theory of Collective Action*：*Public Goods and the Theory of Groups*, Harvard University Press.

Owen-Smith, J., & Powell, W.(2004), Knowledge networks as channels and conduits：the effects of spillovers in the Boston biotechnology community, *Organization Science*, 19, 549-583.

**P**

朴容寛（2002）「ネットワークの意味合いとそのタクソノミー」『北東アジア研究』3，151-166。

Pattinson, S., & Preece, D.(2014), Communities of practice, knowledge acquisition and innovation：A case study of science-based SMEs, *Journal of Knowledge Management*, 18(1),

107-120.

Peirce, C. S.(1972), *The Essential Writings*, Prometheus Books.

Pfeffer, J., & Salancik, G. R.(1978), *The External Control of Organizations：A Resource Dependence Perspective*, Harper and Row Publishers.

Pondy, L. R., Frost, P. J., Morgan, G., & Dandridge, T. C.(Eds.) (1983), *Organizational Symbolism*, JAI Press.


**R**

Rallet, A., & Torre, A.(2009), Temporary Geographical Proximity for Business and Work Coordination：When, How and Where?, *SPACES Online*, 7(2009-02), 1-25.

Raymond, S. E.(1999), The cathedral and the bazaar, *Knowledge, Technology & Policy*, 12, 23-49.

Ren, Y., & Argote, L.(2011), Transactive memory systems 1985-2010：An integrative framework of key dimensions, antecedents, and consequences, *Academy of Management Annals*, 5 (1), 189-229.

Ring, P. S., & Van de Ven, A. H.(1994), Developmental Processes of Cooperative Interorganizational Relationships, *Academy of management review*, 19(1), 90-118.

Rowntree, L. B., & Conkey, M. W.(1980), Symbolism and Cultural Landscape, *Annals of the Assoc. of American Geographers*, 70, 459-474.

Ryle, G.(1949), *The concept of mind*, Barnes and Noble.


**S**

佐伯絆・中西新太郎・若狭蔵之助（1996）『学びの共同体（フレネの教室1）』青木書店。

坂下昭宣（2002）『組織シンボリズム論―論点と方法―』白桃書房。

Sandberg, J., & Tsoukas, H.(2015), Making Sense of the Sensemaking Perspective：Its constituents, limitations, and opportunities for further development, *Journal of Organizational Behavior*, 36(S1), S6-S32.

佐藤那央（2017）「相互主観的な視座からみたセンスメイキング」『組織学会大会論文集』6(1), 44-49。

佐藤哲哉（2002）「コンベンション分野の需要と供給の諸側面―ヨーロッパの見本市市場―」『商経論叢』43(1・2), 117-152。

澤内隆志編（2002）『マーケティングの原理―コンセプトとセンス―』中央経済社。

Schueler, B., Sizov, S., & Staab, S.(2008), Querying for Meta Knowledge, *Fachbereich Informatik*, University of Koblenz-Landau, Nr. 8/2008, 3-16.

関根孝（2021）「ケーススタディと理論構築」『専修商学論集』112, 133-149。

Sfard, A.(1998), On two metaphors for learning and the dangers of choosing just one, *Educational Researcher*, 27(2), 4-13.

Sherif, M., Harvey, O. J., White, B. J., Hood, W. R., & Sherif, C. W.(1961), *Intergroup Conflict and Cooperation：The Robbers Cave Experiment*, University of Oklahoma Book Exchange.

城月雅大・園田美保・大槻知史・呉宣児（2013）「「まちづくり心理学」の創出に向けた基礎理論の構築―計画論と環境心理学の橋渡しによる地域再生のために―」『名古屋外国語大学現代

国際学部紀要』9，31-47。

宍戸邦章（2006）「高齢期における社会的ネットワークの「多様性」—JGSS-2003 データを用いた「相談」ネットワークの分析—」『JGSS 研究論文集』5，117-132。

Smith, B. O.(1969), *Teachers for the Real World*, American Association of Colleges for Teacher Education.

Smith, J. O., & Powell, W. W.(2004), Knowledge Network as Channels and Conduits：The Effects of Spillovers in the Boston Biotechnology Community, *Organization Science*, 15(1), 5-21.

Storper, M., & Venables, A. J.(2004), Buzz：face-to-face contact and the urban economy, *Journal of economic geography*, 4, 351-370.

杉原真晃（2006）「大学教育における「学習共同体」の教育学的考察のために」『京都大学高等教育研究』12，163-170。

杉浦直（1992）「空間的シンボリズムと文化」『岩手大学人文社会科学部総合研究委員会：文化の基礎理論と諸相の研究』55-74。

椙山泰生（2001）「グローバル化する製品開発の分析視角—知識の粘着性とその克服—」『組織科学』35(2)，81-94。

Sundararajan, A.(2016), *The Sharing Economy：The End of Employment and the Rise of Crowd-Based Capitalism*, MIT Press.（門脇弘典訳（2016）『シェアリングエコノミー— Airbnb, Uber に続くユーザー主導の新ビジネスの全貌—』日経BP社。)


T

高玉圭樹（2003）「相互作用に埋め込まれた集合知—集団の組織化レベルの解析—」『人工知能学会誌』18(6)，704-709。

高木光太郎（1996）「実践の認知的所産」波多野誼余夫編『学習と発達』（pp.37-58），東京大学出版会。

高木義和（2007）「日本と北米における情報サービス産業の構造比較」『新潟国際情報大学情報文化学部紀要』10，119-130。

高橋伸幸・山岸俊男（1996）「利他的行動の社会関係的基盤」『実験社会心理学研究』36(1)，1-11。

竹田昌弘（2005）「オープンソースソフトウェアとビジネスとの関係に関する考察」『立命館経営学』44(3)，49-66。

竹村正明（2001）「現代的な製品開発論の展開」『組織科学』35(2)，4-15。

竹下智（2019）「ソフトウェア業の現状と課題」『大阪経大論集』70(2)，93-120。

田中辰雄（2010）「日本企業のソフトウェア選択と生産性—カスタムソフトウェア対パッケージソフトウェア—」『経済産業研究所 Discussion Paper Series』10-J-027。

田中俊也・前田智香子・山田嘉徳（2010）「学びを動機づける「正統性」の認知—参加としての学びの基本構造—」『関西大学心理学研究』1，1-8。

田崎俊之（2009）「伏見酒造業における酒造技術者の実践コミュニティ」『フォーラム現代社会学』8，105-119。

Teece, D. J.(2007), Explicating dynamic capabilities：The nature and microfoundations of (sustainable) enterprise performance, *Strategic Management Journal*, 28(13), 1319-1350.

寺本義也・中西晶・土谷茂久・竹田昌光・秋澤光（1993）『学習する組織』同文館。

Thomas, J. B., Clark, S. M., & Gioia, D. A. (1993), Strategic Sensemaking and Organisational Performance：Linkages among scanning, interpretation, action, and outocomes, *Academy of Management Journal*, 36(2), 239-270.

Tödtling, F., Lehner, P., & Trippl, M. (2006), Innovation in knowledge intensive industries：The nature and geography of knowledge links, *European planning studies*, 14, 1035-1058.

Tribbia, J., & Moser, S. C. (2008), More Than Information：what coastal managers need to plan for climate change, *Environmental Science & Policy*, 11, 315-328.

Turner, J. R., & Muller, R. (2003), On the Nature of the Project as a Temporary Organization, *International Journal of Project Management*, 21, 1-8.

Turner, V. (1975), Symbolic Studies, *Annual Review of Anthropology*, 4, 145-161.

Tyler, T. R., Boeckmann, R. J., Smith, H. J., & Huo, Y. J. (1997), *Social Justice in a Diverse Society*, Westview Press.（大渕憲一・菅原郁夫監訳（2000）『多元社会における正義と公正』ブレーン出版。）


**U**

上野直樹（1999）『仕事の中での学習』東京大学出版会。

宇波彰（1997）「シンボル論」『可視化情報』17(66)，14-20。

Uzzi, B. (1997), Social structure and competition in interfirm networks：the paradox of embeddedness, *Administrative Science Quarterly*, 42, 35-67.


**V**

Van de Ven, A. H. (1986), Central problems in the management of innovation, *Management Science*, 32(5), 590-607.

von Hippel, E. (1994), Sticky information and the locus of problem solving：implications for innovation, *Management Science*, 40(4), 429-439.


**W**

和田寿博（2013）「中小企業振興基本条例と支援拠点の課題」『愛媛経済論集』32(2・3)，119-134。

渡辺千仞編（2001）『技術革新の計量分析』日科技連。

Watanabe, C. & Asgari, B. (2004), Impacts of functionality development on dynamism between learning and diffusion of technology, *Technovation*, 24, 651-664.

Wegner, D. M. (1987), Transactive memory：A contemporary analysis of the group mind. In B. Mullen, & G. R. Goethals (Eds.), *Theories of group behavior* (pp. 185-208), Springer.

Wegner, D. M., Giuliano, T., & Hertel, P. T. (1985), Cognitive interdependence in close relationships. In W. Ickes (Ed.), *Compatible and incompatible Relationships* (pp. 253-276), Springer.

Weick, K. E. (1979), *The Social Psychology of Organizing* (2nd ed.), Addison Westley.（遠田雄志訳（1997）『組織化の社会心理学（第2版）』文眞堂。）

Weick, K. E. (1995), *Sensemaking in Organizations：Foundations for Organizational Science*, Sage

Publications.（遠田雄志・西本直人訳（2001）『センスメーキング・イン・オーガニゼーションズ』文眞堂。）

Weick, K. E.(2000), *Making Sense of the Organization,* Wiley-Blackwell.

Weick, K. E.(2010), Reflections on Enacted Sensemaking in the Bhopal Disaster, *Journal of Management Studies,* 47(3), 537-550.

Weick, K. E., Sutcliffe, K. M., & Obstfeld, D.(2005), Organizing and the Process of Sensemaking, *Organization Science,* 16(4), 409-421.

Wenger, E.(1998), *Communities of Practice : Learning, Meaning and Identity,* Cambridge University Press.

Wenger, E., McDermott, R., & Snyder, W. M.(2002), *Cultivating communities of practice : A guide to managing knowledge,* Harvard Business School Press.（野村恭彦 監修，櫻井祐子訳（2002）『コミュニティ・オブ・プラクティス―ナレッジ社会の新たな知識形態の実践―』翔泳社。）

West, D., Grant, T., Gerush, M., & D'Silva, D.(2010), Agile development : Mainstream adoption has changed agility. *Forrester Research,* 2(1), 41.

Williams, K., & O'Reilly, C. A.(1998), Demography and Diversity in Organizations : A Review of 40 Years of Research, *Research in Organizational Behavior,* 20, 77-140.

Winter, S.(1987), Knowledge and competence as strategic assets. In D. J. Teece(Ed.), *The competitive challenge : Strategies for industrial innovation and renewal* (pp.159-184), Blackwell.

## Y

山田誠二（2005）「手続き的知識と宣言的知識」人工知能学会編『人工知能学事典』（pp.213-214），共立出版。

山倉健嗣（1993）『組織間関係―企業間ネットワークの変革に向けて―』有斐閣。

山本真照（2011）「テキストマイニング手法の洗練に向けた知識活用方法に関する研究」『経済科学論究』8，73-85。

安田雪（2010）『つながりを突き止めろ』光文社新書。

安川由貴子（2006）「日常的実践としての学習理論― G. ベイトソンと J. レイヴ & E. ウェンガーの Alcoholic Anonymous（AA）をめぐる考察を手がかりに―」『京都大学生涯教育学・図書館情報学研究』5，91-102。

Yin, R. K.(1994), *Case study research : Design and method,* Sage Publications.

與倉豊（2009）「イノベーションの空間性と産業集積の継続期間」『地理科学』64，78-95。

吉岡弘隆（2011）「技術系勉強会が熱い」『情報処理』52(4・5)，400-406。

## Z

Zander, U., & Kogut, B.(1995), Knowledge and the speed of the transfer and imitation of organizational capabilities : An empirical test, *Organization Science,* 6(1), 76-92.

**参考資料**

観光庁「MICE の誘致・開催の推進」の Web サイト
　　https://www.mlit.go.jp/kankocho/shisaku/kokusai/mice.html（閲覧日 2022 年 8 月 20 日）。
経済産業省（2010）『平成 21 年度産業クラスター計画モニタリング等調査報告書』。
内閣官房まち・ひと・しごと創生本部（2019）『第 2 期「まち・ひと・しごと創生総合戦略」』。
日本地誌研究所（1989）『地理学辞典』二宮書店。
OECD（経済協力開発機構）編/山形大学教育企画室監訳，松田岳士訳（2011）『学習成果の認証
　　と評価―働くための知識・スキル・能力の可視化―』明石書店。
The Life Center, University of Washington, Stanford University & SRI International（2007），
　　Learning in & out of school in diverse environments, *THE LIFE Center Report*.

# 事項索引

## 【ア行】

曖昧さ　38
アジャイル　27
イナクトメント　39
インフォーマル学習　131
ウォーターフォールモデル　27
越境　11
越境学習　133
OSS コミュニティ　32
オープンソースソフトウェア（OSS：Open
　　Source Software）　14,29

## 【カ行】

概念的知識　53
開放性　5
拡張的学習　132
カスタムソフトウェア　26
過程知識　143
技術知識　86
吸収能力　143
境界　5
共通内集団アイデンティティ　47
協同戦略（collective strategy）パースペクティブ
　　8,47
協力の原理　7
近接性　92
経営レバレッジ係数　18
経験知　9,143
言語的シンボル　49
コアコミッター　58
コミュニティ　130
コラボ消費　5

コンテクスト　39

## 【サ行】

SaaS（Software as a Service）　27
再カテゴリー化　46
サードプレイス（third place）　144
参加メタファー　141
産業クラスター計画　2
シェアリングエコノミー　i,5
資源依存パースペクティブ　46
自己開示　6
市場志向　86
市場知識　86
システム知識　143
実践共同体　134
社会参加　139
社会的境界　5
社会的公正理論　51
社会プラットフォーム　98
集合財　6
集合知　97
準拠集団（reference group）　95
準拠枠（frame of reference）　38,95
状況横断　136
象徴的知識　87
情報財　29
情報的影響力　96
シンボル　9,48
心理的安全性　146
垂直的な学習　132
水平的な学習　132
精神的報酬　7
正統的周辺参加　134

宣言的知識　85
センスギビング　42
センスメーキング　38
相互主観性（intersubjectivity）　42
創発　98
贈与経済型　6
ソフトウェア産業　26

【タ行】

多義性　37
多重成員性（multi-membership）　135
多様性　141
多様な職能　141
地域コミュニティ　4
知識のスピル・オーバー効果　96
地方創生　2
手掛かり　39
手続的知識　85
テンポラリー・クラスター（temporary cluster）
　　91
統合的知識　87
特定の状況に関する知識　86
トランザクティブ・プロセス　89
トランザクティブ・メモリー　88
トランザクティブ・メモリーシステム　88

【ナ行】

ニアショア開発　20
二重編み組織（double-knit organization）
　　136
認知的境界　5
認知的近接性　96
認知的徒弟制（cognitive apprenticeship）
　　133

ノウホワイ（know-why）　143

【ハ行】

パイプライン　93
バザール（bazaar，市場）方式　62
橋渡し組織の概念　55
バズ（buzz）　90
パッケージソフトウェア　26
半構造化の方法　22
ハンズオン　138
非規範的視点（non-canonical view）　136
ヒューリスティックス（heuristics）　51
不確実性　38
フレーム　38
プロジェクト組織　93
プロジェクト知識　143
分析的な知識　87
勉強会　137
ベンダー　26
ボキャブラリー　40

【マ行】

未来の予期　49
メタ知識　9,88

【ラ行】

Ruby　14
Ruby City MATSUE プロジェクト　15
ルースリー・カップルド・システム（loosely
　　coupled system）　37
連結　40

【ワ行】

分かち合いの原理　7

# 人名・団体名索引

## 【ア行】

アシャイムら（B.Asheim, L.Coenen & J.Vang）
　87
アストレーら（W.G.Astley & C.J.Fombrun）
　47,52
井上浩　56
イン（R. K. Yin）　14
ウェグナー（D.M.Wegner）　88
ウェンガー（E. Wenger）　135
エンゲストローム（Y. Engeström）　132
オープンソースカンファレンス Shimane　105
オープンソースサロン　66,114
オルデンバーグ（R. Oldenburg）　144

## 【カ行】

きむらしのぶ　107

## 【サ行】

山陰 ITPro 勉強会　161,168
山陰ノーコード広場　154
しまね OSS 協議会　64
島根県情報産業協会　73
JUKI 松江　111
ジョイアら（D. A. Gioia & K. Chittipeddi）
　42
情報処理推進機構（IPA）　70,101
神野直彦　6
杉原健司　116

## 【タ行】

田中哲也　56
地域おこし XR 研究会　164,170

チーム出雲オープンビジネス協議会　20
テクノプロジェクト　70

## 【ナ行】

ネットワーク応用通信研究所　15,57
野田哲夫　65

## 【ハ行】

ハイエク（F. A. Hayek）　86
パース（C. S. Peirce）　48
ファース（R. Firth）　50
ボッツマンとロジャース（R. Botsman &
　R. Rogers）　5

## 【マ行】

前田剛　110
前田修吾　104
松浦正敬　60,64
松江オープンソース活用ビジネスプランコンテ
　スト　112
松江オープンソースラボ　64
Matsue.rb（まつえるびー）　158,166
松江 Ruby 会議　107
まつもとゆきひろ　14,56
溝口善兵衛　72

## 【ヤ行】

吉岡宏　72

## 【ラ行】

レイヴとウェンガー（J.Lave & E.Wenger）
　133
Rails Girls Matsue　108

Ruby biz グランプリ　110
Ruby Prize　110
Ruby アソシエーション　69
RubyWorld Conference　103

【ワ行】

ワイク（K.E.Weick）　37

【著者略歴】

北　真収（きた　まさのぶ）

摂南大学経営学部 教授

[主な経歴]
　1954 年 9 月和歌山県生まれ。20 数年間，メーカーや㈱野村総合研究所にて，企画・調査や海外業務などに携わる。2004 年，北九州市立大学経済学部に赴任，その後，大学院・教授。2012 年，岡山大学経済学部／大学院・教授。2018 年から現職。専門は経営戦略，組織再生。
　東京工業大学大学院社会理工学研究科経営工学専攻博士後期課程修了。博士（学術）（東京工業大学）。

[主な著書・論文]
　単　　著『組織の自己再生マネジメント』文眞堂，2019 年
　単　　著『テキストブック　経営戦略』岡山大学出版会，2013 年
　単　　著『ケースで考えるトップマネジメントの意思決定』中央経済社，2007 年
　共 編 著『経営ケースブック　新たな市場，顧客を切り拓く』岡山大学出版会，2016 年
　分担執筆 Chihiro Watanabe et al.（Eds.）, *Technological Innovation Across Nations*（pp.13-64）, Springer, 2009 年
　分担執筆 藤本隆宏・新宅純二郎編著『中国製造業のアーキテクチャ分析』第 10 章，東洋経済新報社，2005 年
　単　　著「粘着情報の解釈とその構造」『日本経営学会誌』27，pp.3-14，2011 年
　単　　著「モジュラー型アーキテクチャにみる学習効果の一考察」『国際ビジネス研究学会年報』pp.103-119，2004 年
など。

知識をシェアする産業振興戦略
──地方発ソフトウェア産業の経営学的考察──

2023 年 12 月 5 日　第 1 版第 1 刷発行　　　　　　　　検印省略

　著　者　　北　　　真　　収
　発行者　　前　　野　　　　隆
　発行所　㈱式会社　文　眞　堂
　　　　　東京都新宿区早稲田鶴巻町 533
　　　　　電　話 03（3202）8480
　　　　　ＦＡＸ 03（3203）2638
　　　　　https://www.bunshin-do.co.jp/
　　　　　〒162-0041 振替 00120-2-96437

印刷・㈱真興社／製本・高地製本所
© 2023
定価はカバー裏に表示してあります
ISBN978-4-8309-5232-6 C3034